田北行宏

歯は治療してはいけない!

あなたの人生を変える歯の新常識

講談社+α新書

まえがき

「歯は治療するもの、歯医者には治療のために行くもの」

この本のサブタイトルである「歯は治療してはいけない！」なんてとんでもない、虫歯や歯《し》周病《しゅうびょう》はすべて早期に発見して、できるだけ早く治療するものだというのが、これまでの常識でした。歯科医は治療のために存在すると。

確かにそのとおりです。虫歯になった歯を削って治療したり、腫《は》れて歯周炎になった歯茎を治療したり、ぐらぐらした歯を抜いて入れ歯やインプラントにしたり、それが歯科医の仕事なのは事実です。

しかし、みなさんが思い込んでいる「虫歯は早期発見・早期治療するのが最善の方法」ということが、実はすべて正しいとは限らないのです。

それを裏づける例を紹介しましょう。

先進国でもっとも歯の健康度が高く、子どもの虫歯が少ないといわれている北欧のフィンランドでは40年も前に、子どもたちの虫歯の早期発見・早期治療に力を入れました。ところが、いくら早期に虫歯を見つけ治療をしても、子どもたちの虫歯はいっこうに減らなかったのです。もぐらたたきのように、治療してもまた虫歯が出てきて再び治療するといったくり返しでした。

そこで、フィンランド政府は思い切った方向転換をしました。虫歯の予防と国民への予防教育を重視する政策にシフトしたのです。

国全体で虫歯予防教育に取り組み、子どもだけでなく、両親に対しても予防や歯磨きの大切さを教え、さらに虫歯予防の補助として、フッ素やキシリトールを使用しました。歯科医師や歯科衛生士を増やし、そのための予算を再検討。歯科医療全体にかける医療費を増やしたのです。

結果、子どもたちの虫歯はみるみる減少し、ひとり当たりの虫歯の数は平均0・8本で、ほとんど虫歯が見られない国になりました。

予防にシフトしたことで虫歯治療にかける医療費が減っていき、結果的に医療費全体の節約になったのです。実は、当時のフィンランドは国の経済状態が悪化しており、医療費を抑える必要がありました。治療より予防のほうが経済的な効率性からみても、安くつくということなのです。

同じ北欧のスウェーデンでも一足先に同様な保健政策が行われており、虫歯を減少させました。これらの取り組みからわかってきたことは、虫歯は治療するより予防したほうが健康面でも経済面でも、われわれにとって効率的ということだったのです。

現在、このふたつの国は歯科先進国として知られ、歯科治療には予防の概念が貫かれています。何より治療よりも予防なのです。

40代以上の日本人の8割以上が罹患《りかん》しているといわれる歯周病も、予防が重要です。子どもたちの虫歯の本数は以前よりだいぶ減少していますが、歯周病が国民病となり、自分の歯が19本以下の高齢者がまだ6割近いのが現状です。歯を失う原因のトップは歯周病なのです。

最近の研究では、歯周病は糖尿病を悪化させたり、心臓病や動脈硬化の悪化や原因につながったりすることが知られています。また関節リウマチ、早産・流産の原因になるともいわれています。さらに、歯周病で歯を失うと記憶力や運動能力、認知症《にんちしょう》にも影響をあたえることが、次々に明らかになってきました。

消化器の入り口である口の中で、何十億もの細菌が繁殖し、それが体内に入りさまざまな病気を引き起こすのです。口の中を見ればその人の健康状態がわかるといってもいいでしょう。

歯周病も生活習慣病であり、予防ができる病気です。

歯周病になって治療するよりも、定期的な口腔《こうくう》ケアを続けることのほうがずっと大切なのです。アメリカでは、すでに定期的な口腔ケアをすることが加入条件となっている保険さえあるのです。

しかし、残念ながらいまの日本の歯科医療では、予防よりも治療が中心になりがちです。「悪くなってから歯医者に行く」という人がまだまだ多いのが現状なのです。歯が痛い、歯がしみる、歯茎が腫れるといった自覚症状が出てから歯科医院に行き、仕方なく治療する。その連続。これがいまの日本の歯科医療の常識なのです。

この常識にとらわれている限り、日本人の歯はなかなかよくならないでしょう。

治療をくり返しても次々歯を抜く羽目《はめ》になり、最終的に入れ歯になる。そして、その入れ歯が合わずに噛《か》めない人も出てくる。噛めないことで栄養不足となり体力や免疫力が低下し、病気になり要介護となり、最終的には寝たきりになってしまうことも。噛めなくなると認知症になりやすく、転倒しやすいという研究データさえ出ています。夜中に転倒した高齢者の多くは入れ歯を外《はず》していたという調査もあります。高齢者にとって転倒は要介護や寝たきりになる大きな原因でもあるのです。

治療しても噛めなくなったり、病気や寝たきりになるとしたら、これまでの治療中心の歯科医療は、何のためにあったのでしょう？

患者さんの歯と健康を守るためには、フィンランドのような成功例から学び、いい部分を取り入れる必要があります。

私はこれまでフィンランドやスウェーデン、アメリカなどで臨床研修を何度も体験し、いまも歯科先進国の学会に参加して新しい技術を学び続けています。日本ではまだ普及していない治療法や知識もたくさん取り入れてきました。それを知らないばかりに、損をしている多くの人にぜひ知ってほしいと思い、この本を書きました。

本書ではできるだけ多くの具体例をあげて、歯の治療で人生が劇的に変わることを紹介しています。その中には、きっとみなさんが思い当たるケースもあるはずです。


日本の国民医療費はおよそ41兆円。この額は保険診療だけのものですから、自由診療も含む実際の医療費は、さらに高額と思われます。高齢化がますます進む社会では、今後も医療費の増加は避けられないといわれています。病気になったら治すという現在の治療中心の医療制度では避けられないことです。

しかしフィンランドやスウェーデンの前例が示すように、予防医療にシフトすることで、医療費の増加は抑えられます。さらに、口の中を健康にすれば、生活習慣病や心臓病、肺炎の多くも予防できます。歯科、予防医療にお金をかけることが、結果的に総医療費を抑制することにもつながります。

歯の健康を経済的側面からみれば、歯・口腔内が健康で虫歯や歯周病がない人は、医療費にして3200万円も得をしているという試算があります。

歯1本の価値は100万円という説があり、人間の歯は親知らずも入れると全部で32本ありますから、総額でざっと3200万円となるわけです。

それだけではなく、両親、妻や子ども、孫へと予防歯科医療をつなげていけば、波及効果が生まれていきます。つまり「健康な歯のファミリーツリー（家系図）」効果とでもいったらいいでしょうか。これが世代を超えてつながっていけば、個人で3200万円得するだけでなく、家族全員で何億円という価値を生むことになっていきます。これを社会全体に広げていけば、日本全国で何兆円もの価値になり、将来の医療費の増大を抑えることになるのです。

私は何十年も酷使《こくし》される歯1本は100万円以上の価値があると思っています。歯はかけがえのないもの。簡単に削ったり抜いたりしないで、可能な限り使い続けるためには、治療より予防に重点を置いた歯科医療が進められるべきではないでしょうか。

実は、これまで述べてきたことを昔からよく理解し、実践してきた日本人がいます。そのひとりが「世界のホンダ」の創業者でありすぐれた技術者であった故・本田宗一郎《ほんだそういちろう》さんです。詳しくは後で述べますが、本田さんはご自分の歯を大切にされただけでなく、後を継ぐ後輩たちに対しても「世界に出ていくために、社長になったら歯を治せ」という名言を残しています。

本田さんは自動車の分野だけではなく、その考え方、生きる姿勢、哲学も世界から一目《いちもく》置かれる超一流人でしたが、歯に対する理解、デンタルIQも高かったのです。

日本の政治家や著名人の中には、口の中を診《み》なくても一目で歯が悪いことがわかる方がまだたくさんいます。忙しさから歯を治す時間も惜しいのかもしれません。言葉が不明瞭で聞き取りづらかったり、歯の噛み合わせが悪くて、顔が歪《ゆが》んでいる方もいます。40年前と比べ、最近では歯に対する意識が高くなり、歯に気をつかう人も増えてきましたが、それでも海外の政財界やエリート層と比べ、だいぶ遅れていると感じています。

予防を重視してこなかった保険医療制度や国民の歯に対する知識不足も背景にありますが、私個人の意見では、その責任は私たち歯科医にもあると思います。いままで多くの歯科医は、病気の原因を追究して再発を防ぐ治療努力をしてこなかった。早くて簡単な対症療法的な治療を最優先としてきたため、虫歯や歯周病の再発をくり返したのです。結果、患者さん自ら予防のために歯科を受診するという知識や習慣が育たなかったのです。

これからの歯科医に求められることは、再発予防のための情報を患者さんに伝え、その具体的方法を教え、かつ最新の専門知識を学びつつ、患者さんファーストの丁寧《ていねい》な治療を行っていくこと。それが人の健康を守ることになるはずですし、私たち歯科医の使命でもあるはずです。

日本の歯科医療は保険制度の制約もあり、予防歯科に十分にお金をかけてきませんでした。国民皆保険制度は、誰でも安価に公平に医療が受けられる、世界に誇れる制度ですが、残念ながら欠点もあります。

たとえばひとりの患者さんの性格や環境に合わせて、じっくり丁寧に診る、ときには時間をかけて話を聞くといった診療をしていたら、歯科医院の経営自体が難しくなってしまう。

こういった制度上の問題も一面では予防医療が遅れたひとつの理由なのです。

自分の歯を治しデンタルＩＱを上げることは、健康や仕事にもよい影響を及ぼすことにつながります。歯の寿命《じゅみょう》が、あなたの「健康寿命」を飛躍的に伸ばしてくれるのです。社会的に成功をおさめた人が歯を大切にしているのは、こういった理由があるからです。

高齢者は年齢とともに体全体が衰えてくるものですが、歯がいい人ほど衰えが緩《ゆる》やかで、人によっては若い人に負けない気力、体力を保つことができます。なかには、歯を治すことで若返る人もたくさんいらっしゃいます。生涯現役で、第一線で活躍している人には、歯の健康への知識、デンタルＩＱが高い人が多いといってもいい過ぎではないでしょう。

歯科医の仕事は歯を守ることで人々の健康を守り、人生をより豊かで快適なものにできるよう尽力することです。

現在、日本の歯科医師の数は約10万４０００人。知識や技術、歯科医療への姿勢はさまざまです。一生のおつきあいとなるかもしれない歯科医師として誰を選び、そしてその人から何を学び、どんなつき合い方をするかで、あなただけでなく、あなたの家族の人生は大きく変わるといってもいいでしょう。

◉目次

まえがき　3

第1章　寿命を決める歯の格差
——富裕層ほど、歯が健康で寿命も長い

歯の格差が寿命を左右する　20
歯の格差は所得の格差　21
世界的に広がる健康格差　24
トップリーダーに見る歯の格差　26
子どもの歯と能力差との関係　28
噛む力は認知症のクスリ　29
子や孫にも及ぶ歯の格差　31

第2章　歯の格差がビジネス格差につながる
――成功したければ歯を治せ

日本歯学センターの設立　36
トップリーダーは高デンタルＩＱ　37
現在も生きる本田宗一郎氏の名言　39
歯のクリーニングが保険契約条件　41
野田一夫氏のデンタルＩＱは凄い　43
予防歯科で歯周病知らず　45
よく噛めると運動も記憶もアップ　49
歯の治療が人脈づくりにつながる　51
オーナー一家３代が健康を証明　53
歯並びや口臭が成否を左右する　56
格差解消にはトップダウン方式を　57

第3章　認知症や寝たきり予防と歯の格差
――歯が高齢者の寿命を決める

50代からでも歯は守れる　62
認知症や脳梗塞と歯の格差　64

寝たきり予防と歯の格差　68
歯の少ない人ほど寿命が短くなる　70
がんや肺炎予防に効く歯の健康　73
噛んで食べないと低栄養に　74
ソフト食をやめたら元気に　75
「天然の抗生物質」＝唾液の効用　79
運動能力と歯の格差　81
野球選手はなぜガムを噛むか　82
笑顔や見た目を左右する歯の格差　84
歯を治して気づく見た目の大切さ　86
奥歯がないと出っ歯に　88

第４章　ビジネスマン生命を左右する歯周病
——歯周病予防で健康になる

歯周病は国民病　92
風邪をひかなくなったバレリーナ　93
生活習慣病と歯周病は40代から　99
血糖値、メタボ改善に歯周病治療　103
歯周病の人は心筋梗塞が２倍に　106
歯周病は脳梗塞の危険因子　109
関節リウマチは歯周病で２・７倍　110
歯周病の妊婦の早産リスクは７倍　112
歯周病とがん、肝炎との関係　114
骨粗鬆症を進行させる歯周病　115

高齢者死亡の主原因、肺炎を予防　116

第5章　歯科医が実践する口腔ケア
――自分でできる効果的口腔ケアから最新治療まで

歯周病予防に口腔内クリーニング　120
除菌は3ヵ月に1回が威力有り　121
歯周病には無痛のレーザー治療を　125
虫歯予防の「三種の神器」は？　127

第6章　予防中心の治療で虫歯ゼロに
――子どもから中高年まで虫歯治療のコツ

虫歯が減れば医療費も減る　132
治療せずに歯医者嫌いをなくす　134
妊娠期の口腔ケアと子どもの虫歯　135
虫歯大国から虫歯ゼロの国へ　138
子どもの虫歯は削らず、治療せず　140
永久歯を虫歯から守る　143
口腔ケアは赤ちゃんのときから　146
虫歯にフッ素を塗布する効果　148

中高年は根面虫歯に要注意 152

第7章 噛む力の回復法
——インプラントの力を活用する

第三の歯、インプラントの噛む力 158
100歳過ぎてもインプラント 160
先手治療のスリープインプラント 165
奥歯こそアンチエイジングのカギ 168
骨再生でインプラントが可能 171

第8章 歯科先進国と日本における歯の格差
——日本の歯科治療の常識は通用しない

「土曜日にはキャンディーを」運動 176
スーパーGPは歯科医の理想像 184
世界各国の治療格差 177
歯を救うアメリカの名医の手法 187
実は治療が二極化している日本 182
フィンランドは予防するのが良医 190

虫歯の子どもは虐待か？　192
医科歯科はチーム医療が当たり前　193
歯科衛生士の社会的地位　195
歯科技工士は大切なパートナー　199

第9章　寝たきりも減らせる「歯の先進国」へ
――アクティブシニアのお手本に学ぶ

健康調査の後悔第1位が「歯」　204
噛む力は胃瘻や寝たきりを防ぐ　211
企業健康格差は歯の健康意識から　206
健康の入口・歯は社会的存在　214
歯が残っているほど医療費も少ない　209
よい歯科医はよい患者で育つ　216

あとがき　219

第1章　寿命を決める歯の格差

——富裕層ほど、歯が健康で寿命も長い

歯の格差が寿命を左右する

いま、世界的に大きな課題となっているのが格差問題です。1%の富裕層が世界の富の半分を所有するといわれており、先進国と途上国といった国家間の格差だけではなく、同じ国内でも、富めるものとそうでないものとの格差が拡大しています。

この格差は健康格差にダイレクトに反映し、歯の格差にもつながっています。それを如実《にょじつ》に表す数字があります。

アメリカスタンフォード大学の研究チームによって行われた調査によると、アメリカでは上位1%の富裕層の平均寿命が、下位1%の貧困層より10年以上長いという結果が出ています。富裕層の男性は87・3歳まで生きられるが、貧困層の男性の平均寿命は短い地域では74・2歳という結果です。

女性でみると、トップの富裕層は89歳と日本人よりも長生きです。それに対して貧困層最下位では80歳と、9歳もの開きがありました。日本のような国民皆保険制度の導入がなかなか進まないアメリカでは、健康格差も大きいといえます。

歯の格差は所得の格差

所得の高い人やセレブ層は歯の健康度が高く、「歯がいい人ほど長生きで健康」で「歯に健康投資することが、健康長寿につながる」ことが、こういった調査からも裏づけられています。

では日本ではどうでしょうか。わが国でも、所得が高い人ほど歯がいいとわかる調査があります。

厚生労働省の「国民健康・栄養調査報告」（平成26年）によると、所得が高い人ほど残っている歯も多いことがはっきりとわかります。所得が年２００万円未満の男性では、33・９％の人が歯の本数が20本未満です。それに対して６００万円以上の男性では20・３％。女性ではそれぞれ31・２％、25・８％です。所得と歯の本数の関係は男性のほうがはっきりと表れています。男性では、２００万円未満と６００万円以上では、13％以上もの開きがあるのです。

さらに面白いことに、歯の本数だけではなく、肥満にもリンクしていました。男性の場合、所得２００万円未満では肥満者の割合が38・８％、６００万円以上の人は25・６％です。

つまり、所得の高い人ほど歯の本数が多く、肥満が少ないということです。肥満は生活習慣病をはじめ多くの病気に悪影響を与えますから、肥満の人ほど健康度が低いともいえます。

アメリカでは低所得者は肥満が多いといわれてきましたが、日本でも同じ現象が起きているということです。

もうひとつ、衝撃的な調査があります。虫歯が多く、歯がぼろぼろの「口腔崩壊」している小学生の背景には、貧困や生活習慣、ネグレクト（育児放棄）などがあるという調査です。

２０１６年６月に大阪府歯科保険医協会が明らかにした歯科検診の実態調査によれば、大阪府内の公立小学校の児童約２万４９００人が、歯科検診で「受診が必要」となったにもかかわらず、その半数以上約1万２６００人が再受診していなかったということです。

児童の中には、６年生で永久歯が12本虫歯という子どももおり、再受診できない理由には「生活が苦しい」「治療費を何とかしてほしい」という声があったそうです。

さらに、これが中学生になると再受診していない生徒は約7割、高校生では8割を超えたといいます。

子どもの虫歯は家庭の経済状態を反映し、さらに家庭のデンタルＩＱや健康知識を反映しているのです。格差が比較的小さく、皆保険制度で平等な医療が受けられるにもかかわらず、わが国の子どもたちの口の中には、大きな格差が存在しているのです。

歯の格差、健康格差、所得格差、この３つの格差が、日本でも目に見える形で進行しています。

先進国日本で「12歳で永久歯12本が虫歯」の子どもがいるという現実は、なんとしても改善する必要があります。こういった「口腔崩壊」の子どもたちの口の健康を取り戻すことが、健康格差を解消する近道だと思います。

そのために、母親や父親、家族全員の口の健康が大切なのです。具体的には「妊娠時から虫歯予防」が必要ということを、妊婦さんになってからでなく義務教育から学べるようにするなど、虫歯菌を子どもに伝えない予防歯科の知識を普及させることがもっとも効率的といえるでしょう。

これは歯科先進国スウェーデンやフィンランドが30年以上も前に実践し、効果をあげている方法です。日本でも北欧方式を取り入れればいいのです。成功例があるわけですから、いまある医療インフラを活用できるので、お金もかからず、社会的負担は最小限ですみます。治療にばかり目を向けるのではなく、残っている健康な歯をどのように守っていくか？　という視点です。

口の中の格差をなくすことが、日本の医療格差、つまり健康格差をなくす第一歩になると、私は確信しています。そのために必要なのが、歯科医の考え方を方向転換して、予防歯科にシフトした医療制度に変えることなのです。

世界的に広がる健康格差

健康格差という言葉は、リーマンショックによる世界的不況が始まった２００８年ごろから、よく聞かれるようになりました。

２００９年にはＷＨＯ（世界保健機関）が健康格差対策の推進を勧告し、日本でも厚生労働省が「健康日本21（第二次）」の基本的な方向として、最初の項目にあげたのが「健康寿命の延伸と健康格差の縮小」です。

私たちが考える以上に「健康格差」は深刻で、国民がすべて平等に医療を受けられるという制度があっても、収入や地域、教育などによって、健康に格差が生まれる時代であるということです。それは歯と口腔の健康にも格差が生まれていることを意味します。

ちなみに、「健康日本21（第二次）」に掲げられたその他の基本方向には、栄養・食生活、身体活動・運動、休養、飲酒、喫煙および歯・口腔の健康に関する生活習慣および社会環境の改善、があげられ、生活習慣病予防や歯・口腔の健康も入っています。

私が留学や研修で住んでいた欧米では、見た目、とくに歯でその人の社会的地位が判断される傾向が強いといえます。100%とはいいませんが、常識的には歯並びがよくて、歯がきれいでないと低所得層とみなされます。もし、白い歯の人と、欠けたり黄ばんだりしている歯の人がいたら、間違いなく白いきれいな歯の人のほうが信用されます。手入れされた美しい歯の人は知性的に見られるのです。

歯は外から見える器官なのですから、海外のエリート層は相手の歯を見て、一瞬でその人のバックグラウンドを判断することもあるわけです。

日本人からすれば、歯で人を判断できるはずがないと思いますが、貧富の格差が大きいアメリカや階級意識が強いヨーロッパではそれが現実なのです。

とくに、アメリカの高学歴エリートや知識人の子どもは虫歯をつくりませんし、矯正を受けていますから、人前に出ても恥ずかしくない歯並びをしています。大人になってからも、政治家や財界人といったエリートたちには、かかりつけの歯科医がいて、定期的に通院し、歯のチェックやクリーニングを受けているのです。もし、少しでも歯が欠けたり歯茎が腫れたりすれば、すぐにかかりつけ歯科医に治してもらいます。

一方、所得の低い家庭に育ち、親も自分も高等教育を受けられなかった人は、歯の治療が満足に受けられないことが多いのです。ですから、歯の状態で教育水準や家庭環境も判断されてしまうのです。格差が拡大している日本でも対岸の火事ではなくなるかもしれません。

役づくりに熱心なアメリカの俳優は、役柄に合わせて歯並びや色を変えることがあります。エリートや上流階級の人の役を演じるときには、真っ白で歯並びのよい歯にし、学歴のない人や貧困層の役柄のときには、汚れた歯や乱杙歯《らんぐいば》にしたり。するとそれだけで、役づくりのベースができてしまうというほどです。

たとえば、『パイレーツ・オブ・カリビアン』といった海賊映画を見れば、その違いが一目瞭然です。身分が高い軍人と社会のアウトローである海賊の、歯並びや色を大きく変えているのです。

これほど歯に対する意識が日本人とは違うのです。海外でトップセールスをする場合には、歯を治してからでないと、対等な交渉相手とみられず、信用もされません。

トップリーダーに見る歯の格差

日本は先進国の中でも、健康や医療のインフラがとても進んでいます。世界一の長寿国でもあり、医療先進国の中では医療費が少ない割には、寿命が長いなど、誇れる点はたくさんあります。

しかし、歯に対する健康意識やかける医療費、歯科医療の質は、けっして進んでいるとはいえません。先進国といっても国によって違いがあり一概にはいえませんが、少なくとも歯科先進国とされるアメリカや北欧諸国に比べ、見劣りしています。

その差は、国のトップリーダーたちの口元にも表れています。

アメリカの大統領や高官はテレビで見ても、歯並びがそろった美しい歯をしていることがわかります。オバマ前大統領の歯並びは完璧といっていいでしょう。トランプ大統領もけっして見劣りしません。イギリスのロイヤルファミリー、たとえば、キャサリン妃もきれいな歯をしています。

ヨーロッパはアメリカほど真っ白い歯にはこだわりませんが、ロイヤルファミリーの歯は白くきれいです。ドイツのメルケル首相は旧東ドイツ出身だったことも影響しているのか、あまりいいとはいえませんが、それでも海外のトップリーダーやエリートは総じてきれいな歯をしています。歯がきれいだと、顔や表情も明るく清潔に見えるのです。

それに対して、日本の政治家の歯はあまりいいとはいえません。

サミットや国際会議で先進国の首脳が並んでいると、スーツや髪形は負けていませんが、やはり、日本の政治家の歯は見劣りしてしまいます。

政治家は多忙でなかなか歯科医院に行く暇がないのかもしれませんが、国民の代表として人前に出る立場です。先進国の代表的立場のリーダーたちが、乱杙歯や汚れた歯でも平気でいる光景は、歯科医としては残念でなりません。

子どもの歯と能力差との関係

WHOや厚労省でも深刻な問題として取りあげているのが子どもの健康格差です。

平成26年度「3歳児歯科健康診査実施状況」でも、3歳児の乳歯の虫歯は地域差が明確に存在することがわかります。たとえば、虫歯がない3歳児の割合がもっとも高い県は88・89％なのに、もっとも低い県は68・85％です。同じ健康保険制度であっても、地域により20％以上の格差があるのです。

子どもの歯や口の状態は人格形成や知能・運動能力とも密接に関係していることが、さまざまな研究から明らかにされています。

古くは1950年代に行われた研究もあり、昔から子どもの虫歯と能力との関係は、臨床的によく知られていました。虫歯がなく健康な歯でよく嚙んで食べている子どもは、学習能力も高くなる傾向にあるのです。

幼稚園児を対象とした比較研究では、よく噛む食事をしている子どもは、そうでない子どもよりも計算能力が高いという結果が出ています。ポジトロンCT（PET）という脳の血流を測定する画像検査があります。それによると、咀嚼《そしゃく》することで脳血流量が大きく増加することが確認されています。血流が多くなると脳は活性化します。それが学習効果を上げることにもつながると思われます。

この効果は、高齢者よりも若い人のほうが顕著という研究もあります。虫歯があったり噛み合わせが正しくないと、しっかり噛めません。子ども時代に、歯や口を健康に保つことが、将来の学力や仕事にも影響する可能性もあります。子どもの噛み合わせを正しくするのも親と歯科医の責任です。

噛む力は認知症のクスリ

最近では、噛む機能（咀嚼）と脳への影響との関係を調べる研究が盛んに行われています。そのひとつに、脳の学習記憶に深くかかわっているアセチルコリンという情報伝達物質の研究があります。認知症との関連が深い物質としてよく知られていますので、一度は聞いたことがあると思います。

アルツハイマー型認知症の人は、このアセチルコリンが減少しています。認知症治療薬として有名なアリセプトは、脳内のアセチルコリンを増やす作用があるとされています。

実は、アセチルコリンは咀嚼により増加することがわかってきたのです。つまり、子ども時代だけでなく、成人してから、さらに高齢になってからも、咀嚼機能が高い人はアセチルコリンが多いと考えられます。

記憶力や学習能力に深くかかわっているアセチルコリンを増やすためには、よく嚙めることが重要なのです。虫歯や歯周病でない歯で、もし欠損していたら、できるだけ元の歯に近い人工歯(インプラントや義歯など)で、よく嚙み咀嚼機能を高めることが、学習成績や記憶力、意欲などにもいい影響を与えます。

それだけではありません。運動能力と咀嚼能力にも深い関係があるのです。

小学生を対象に、運動能力と嚙む力(咬合力《こうごう》)の関係を調べた研究によると、懸垂《けんすい》、50メートル走の成績がよい子どもは、嚙む力も強いという相関関係があります。運動能力が高い子どもは、嚙む力も大きい、つまりしっかり嚙める筋肉と強い歯をもっているということなのです。

海外や日本のセレブたちが子どもの歯にお金をかけるのは、見栄えからではなく、心身の能力を伸ばし健康になることがわかっているからなのです。塾に通わせたりお稽古事をさせることも大切ですが、まずは未来を見据えて子どもの歯に関心をもち、デンタルIQを高めることをお勧めします。

子や孫にも及ぶ歯の格差

日本歯学センターは1973年の開業以来40年以上にわたり、経済界のトップリーダーたちの治療を行ってきました。高度経済成長とともに働きづめに働いた初代、それを継いだ2代目、3代目のかかりつけ歯科医として、その家族も含めて口腔内の健康を預かってきました。

初代のころは、日本はまだ先進国とは言い難く、日本人の口腔内も後進国並みに悪かった時代です。銀歯が入っている人も多く、歯の欠損をそのままにしている人も多かったのです。終戦直後は砂糖摂取が少なかったので、虫歯も多くはありませんでした。60年代から70年代は食事が軟らかくなり、甘いものが増えたことで、子どもの虫歯も増えていきました。

厚労省などの資料では、日本人は1970年代には12歳の90％以上が虫歯をもっており、1980年代前後からようやく減少に転じているのがわかります。

歯科後進国だった時代には、いわゆるセレブといわれている人たちの口の中もいい状態ではなかったようです。しかし、初代（多くは創業者ですが）、そのつぎの世代（2代目の時代）となってくると、歯科疾患は急激に少なくなり、3代目の孫世代になると、虫歯はほとんどゼロになります。

ひとつの例として美容関係のメーカーの一族があげられます。創業者である会長、息子の社長、その子どもたちと世代が下るにしたがいデンタルIQが上がり、歯の状態もよくなっていきました。3代目の孫世代は、虫歯なしです。そして、それぞれの家族、親族へとよい歯の波及効果でファミリー全体の歯の健康度が高くなっていったのです。

40歳以上の日本人の8割が歯周病に罹患している統計がありますが、親子で継続してここに通院している患者さんの場合、虫歯はほとんどありませんし、歯周病もまれです。70年代に、歯に対する意識を高めた初代の教育が、子どもや孫の代になり、実を結んだのです。

2代目、3代目は虫歯、歯周病を防ぐ予防歯科治療で歯の健康を維持しています。両親の口の中がきれいなこと、そして子ども時代から定期的に通院し、虫歯にしない教育や生活指導、歯のチェックを行い、年代に応じて必要な治療や処置を行います。痛くなったら歯科医に行き、痛みが治まったら行かなくなるというのではありません。定期的な歯の健診とクリーニングが中心となる通院です。それを行うことで、子ども時代から虫歯ゼロ、歯周病知らずの家系、ファミリーツリーができあがるのです。

口の中を見れば、その人の家庭環境から老後まで見えてきそうです。虫歯ゼロの子どもと虫歯だらけの子どもを比較した場合、両親の健康知識が推測できるのです。

虫歯そのものは遺伝ではありません。虫歯になりやすい体質は遺伝しますが、虫歯は親から子へと感染する感染症なのです。親がたくさん虫歯をもっていれば、何もしないままだと子どもも虫歯になります。虫歯をつくる細菌、ミュータンス菌は代々受け継がれるのです。

その連鎖を断ち切るのが、予防歯科です。最近ようやく予防歯科が注目されるようになった日本ですが、歯科先進国より30年以上遅れているといえます。

海外で活躍していた意識の高い一部の日本人たちは、30〜40年前から歯の大切さに気づき、予防教育を受けてきました。その差が、子どもや孫の世代に顕著に表れたわけです。

「まえがき」で触れたとおり、歯と口腔内の状態のいい人と悪い人では、生涯医療費に３２００万円もの差が出るということです。子どものときに教育を授け、お金をかけ、よい歯並びに矯《きょう》正《せい》しておけば、病気になりにくく、医療費も少なくてすむということにもなります。

われわれ歯科医や行政が率先して予防歯科に真剣に取り組めば、日本人の歯は見違えるようによくなるはずです。

第2章　歯の格差がビジネス格差につながる

——成功したければ歯を治せ

日本歯学センターの設立

私が歯科医になったのはまわりよりもおそい32歳のときです。最初から歯科医をめざしたわけではなく、高校卒業後は海洋学を学ぶために、東海大学の海洋学部工学科に入学しました。

しかし、もっと世界に出て幅広い研究をしたいと思い、大学を2年で中退。英語を身につけたあと、アメリカ西海岸にあるカリフォルニア州メサカレッジに生物学を学ぶために留学しました。

歯科医の父や、アメリカ留学で出会った医師の、人を助ける姿を見て、自分も人を助ける仕事をしたいと歯科医になる決心をし、26歳で帰国。日本大学松戸歯学部に入学したのです。

普通の人よりだいぶ回り道をしましたが、それまでの10年近くの経験は、無駄ではありませんでした。むしろ、歯科医の仕事にプラスとなる貴重な財産——人工歯をつくるときに必要な工学や材料学、細菌学や生物学の知識とともに、生きた英語を学べ、その後世界中の歯科医師と友人となり、話し合えるという大きな財産となりました。

歯科大生のときには歯科助手として、父から多くのことを学びました。歯科医の父、田北敏行《たきたとしゆき》は、2014年、80歳で他界する直前まで、診療に携わっていました。父は開業してからもよりよい治療を追求して研究を怠らず、1970年に南カリフォルニア大学で最新歯科医療を学ぶため渡米しています。南カリフォルニア大学歯学部は、当時世界でもっともレベルが高く、最先端の歯学教育で定評がありました。父はアメリカの歯科医療の質の高さを目《ま》の当《あ》たりにし、日本との差に衝撃を受け、日本の歯科医師を再教育する必要性を強く感じたといいます。

そして、帰国後の1973年に、日本で初めて歯科医の再教育を目的とした「日本歯学センター」を創設しました。

アメリカのポストグラジュエイト・コース、「卒後再教育」の実践です。以来、多くの開業歯科医に、アメリカの最新歯科医学の知識を教え、治療法の普及に力を入れてきました。

1979年には日本の歯科大学に協力して、歯科医師の卒後再教育機関を発足させ、卒業後間もない歯科医の研修指導を行ってきました。

トップリーダーは高デンタルIQ

父は歯学センターを、患者さんに利用していただくサロンと位置づけていました。ですから、単に診療する場所ではなく、患者さんとスタッフ、さらには患者さん同士が交流でき、互いに情報交換し刺激を与え合う社交場としていました。

患者さんには、故・本田宗一郎さんや故・黒川紀章《くろかわきしょう》さん、野田一夫《のだかずお》先生といった著名人が数多くいて、大の病院嫌いと自ら公言されていた本田宗一郎さんは、治療終了後にも歯のクリーニングによく来院されていました。

私は父の歯科医院を手伝うなかで、また、父の跡を継いで日本歯学センターの院長になってからも、各界で活躍する方々と接し、多くを学ばせていただきました。

歯科医の視点でトップリーダーのみなさんを見ると、そこには共通点があることに気づきます。それは、みなさんがしっかりと噛んで食べられる歯のもち主ということです。自分の歯がすべてそろっている方はもちろんのこと、治療でインプラントや義歯などにした方も、口腔内の健康を高齢になっても保ち続ける方が多いのです。歯に対する意識が高い、つまり、デンタルＩＱが高く、自身の健康管理も超一流ということです。

歯の健康が体全体の健康や精神力、活力に密接に関係し、社会的成功に結びついていることを、そして、歯の格差はビジネスや成功の格差につながることを、私は患者さんである方々を通じてまさに実感したのです。

世界を舞台に活躍している人は、歯がその人の社会的ステイタスを示していることもよく知っています。

別の言い方をすれば、全身の要として歯を大切にし、歯への健康意識を高めることと、人生や仕事に自信をもつことがリンクしていること、そして、成功につなげるきっかけとなっているということです。また、社員や家族の歯も同時に大事にしているのです。

現在も生きる本田宗一郎氏の名言

本田宗一郎さんは「世界のホンダ」を築き上げた日本を代表する経営者です。76歳で取締役を退き、終身最高顧問に就任してからも、進取の気概をもち続け、1991年に84歳で亡くなるまで、社会的に大きな影響力をもっていました。

1973年に社長の座を右腕だった河島喜好《かわしまきよし》さんに譲ったとき、本田さんは「君はこれから世界に出ていくのだから、歯を治せ。歯を治してホンダの代表となれ」と指示したそうです。いまから40年以上も前のことです。その理由は、「世界に出ていって世界のホンダとなるためには向こうの人と対等でなければいけない」ということでした。

本田さんの指示の意味は、歯は外から見えるものである。欧米では歯の悪い人は軽視されて交渉相手に見られない。歯の良《よ》し悪《あ》しがその人の出身階層や教育水準までを反映していると考えられているのだから。経営トップの人間の歯が悪いと、その会社までも軽視される。世界の名だたる企業のトップと互角に戦うためには、いい歯が重要なツールになるということなのです。

以来、次期社長になった河島さん、３代目の久米是志《くめただし》さんは私の父の治療を受け、歯を治されました。本田さんは40年以上も前から、ビジネスで成功するにはいかに歯が大切かをよくわかっていたのです。

歯によって交渉の成否が左右されるだけでなく、仕事の成功をも左右する場合があることを、日本がまだ欧米に後《おく》れを取っていた時代に、海外でわたり合った経験から本田さんは歯の重要性を熟知していたのでしょう。

ですから、自らも歯を治され、部下にも歯を治させたのです。

本田さんは生前父に、「僕は医者や病院が大嫌いなんだ。とくに、病院は消毒薬の臭いがしていやだ。入院して薬臭い病室で飯なんか食えない。治る病気も治らない。病院はホテル以上に清潔で、消毒薬の臭いがあってはいけない」と話していたそうです。ユーザーのニーズを大切にしてきた本田さんならではの苦言といえます。

最近では、快適な環境のほうが患者さんの治癒力が高まり、痛みの緩和や回復が早いことが知られ、患者さんのＱＯＬ（生活の質＝quality of life）を重視するのが当たり前になっています。しかし、30～40年前の医療機関は患者の希望は二の次にし、快適性は贅沢《ぜいたく》とみていました。ユーザー第一に考えてきた本田さんにとっては、患者を大切に考えない病院が不思議だったのかもしれません。

歯のクリーニングが保険契約条件

世界を股にかけて活躍しているトップリーダーの中には、アメリカの保険会社に加入している方もいます。私の患者さんで、３ヵ月に1回以上、必ず歯のクリーニングに通ってくる超多忙な企業家Tさんがいますが、分刻みのスケジュールにもかかわらずきちんと通院するのには、理由があるのです。

Tさんはアメリカの保険に加入していて、契約内容に「歯のクリーニングをする」という項目があるそうなのです。もしこれを怠ると、病気や歯の治療の際に保険金が下りないからということのようです。

つまり、歯のクリーニングをすることによって健康を保つということを、保険会社が条件として出しているのです。体の健康診断と同じくらい、歯のクリーニングと定期検査は大事なのだというわけです。

海外のセレブやトップ企業家が忙しい合間をぬって、歯の健康を保つもうひとつの理由は、このような保険規約にあるともいえるでしょう。

こういった保険の存在もあるからか、アメリカの富裕層のデンタルＩＱは高く、悪くならないように予防するという考え方が身についています。

日本では予防歯科がまだ普及しておらず、悪くなったら治療するという考えが一般的です。歯科医の間でさえ治療医学が主流ですから、これはいたし方のないことかもしれません。

私の医院の患者さんも、最初からデンタルＩＱが高い方は少数でした。しかし、実際に治療を行い、定期的な歯のメンテナンスを続けていくと、いかに予防歯科が歯の健康や心身の健康につながるかをだんだんと理解されていきます。

先の企業家の患者さんの歯も来院当初はいい状態とはいえませんでした。歯周病や口臭もあり、数本の歯が欠損し、保険で入れた銀の冠せものの歯が入っていました。

しっかりと噛んでいないことがわかりましたので、まず、ちゃんと奥歯で噛めるような治療をしました。失っていた歯の代わりに白い前歯もつくり、トップに立つ人にふさわしい歯に治しました。そして、1年で口腔の状態は非常に改善され、口臭、歯周病がなくなったのです。

歯がよくなって家族や社員から褒められ、しっかりと食べられるようになって、どんどん健康になっていかれました。そしてご自身の家族にも通院を勧めてくださるようになりました。

それは仕事への意欲や健康への関心が高まることにつながります。歯を大切にし歯への健康意識を高めることで、人生や仕事に自信をもち成功につなげるきっかけにしていくのが、仕事で成功する人であり、それが大きな差につながるのかもしれません。

トップリーダーの多くは、歯を治す過程で、歯の重要性に気づき、歯の知識、デンタルＩＱが高くなっていくのです。

デンタルＩＱの格差が最終的には大きなビジネス格差につながるといえるかもしれません。

野田一夫氏のデンタルIQは凄い

シニアの健康のお手本として、真っ先にあげられるのは野田一夫先生です。私の父の代からの患者さんで、教育者、経営学者として大きな功績のある方です。早くからＩＴ革命を予見し、ピーター・ドラッカーの紹介者としてビジネス界では知らない人はいないでしょう。先生は「ここだけは毎月来ないとね」と、歯のクリーニングのために、月に1回、時間をつくって、40年間欠かさず通院されています。

先生は１９２７年生まれですから、２０１７年でちょうど90歳になります。なんと、いまでもすべての歯がそろっており、虫歯や歯周病はまったくありません。子どものころから丈夫な歯だったそうです。先生のように生まれつき歯が丈夫な方はたくさんいますが、高齢になっても全歯がそろっている方はごく少数です。

野田先生は本田宗一郎さんや松下幸之助《まつしたこうのすけ》さんといった創業者型の経営理念を紹介した著名な経営学者ですが、立教大学教授、多摩大学学長、宮城大学学長などを歴任され、退官後のいまもシンクタンク（財）日本総合研究所名誉会長として、変わらず多忙な日々を送られています。

孫正義《そんまさよし》さん、澤田秀雄《さわだひでお》さん、南部靖之《なんぶやすゆき》さんといった「ベンチャー三銃士」といわれる企業家たちが、まだ無名だった30歳前後の創業期に、野田先生のもとに集い、互いの友情を深めたことはよく知られています。

立教大学に日本で初の観光学科を創設したのも野田先生です。書斎に閉じこもる学者ではなく、常に新しい発想と柔軟な頭脳をもち、それは年齢を重ねてもけっして衰えることはありません。

歯科医の視点からいわせていただくなら、80歳を過ぎても仕事への意欲をもち続けられる元気と若さの秘密は、人一倍健康な先生の歯にあるにちがいありません。

「８０２０運動」は80歳になっても20本の歯を残そうと、１９８９年に厚生省（当時）と日本歯科医師会により始められた運動です。27年が経過し、少しずつ成果が出てきていますが、達成率はまだ35%です。80歳の残存歯は平均14本（厚労省「歯科疾患実態調査」平成23年）。８０２０運動の前に比べると残存歯数は増えていますが、20本残っている人は3分の1程度です。85歳以上の場合は、さらに減って8本程度です。

20本歯があれば、食事は不自由なく食べられるとされています。しかし、たとえ20本残っていても、ちゃんと噛めるかというと、残念ながらそうではありません。上下の歯が同じようにそっていないすれ違い咬合では食べ物をすりつぶすことはできません。

また、ぐらぐらしている歯では、きちんとものが噛めませんし、かえって痛みが出て噛みづらくなります。

歯周病があり、口腔内が不潔だと、誤嚥《ごえん》性肺炎などの病気を引き起こす原因ともなります。ただ、歯を残すことだけを目的とするのではなく、使える歯、健康を維持するための噛める「８０２０」にしていくことが大切なのです。

予防歯科で歯周病知らず

かかりつけ歯科医として文句のつけようもない患者である野田先生は、予防歯科がいかに大切かを身をもって証明されています。

先生はご自分の健康についてこう述べています。

「僕は昔から小食ですが、何でも食べる。何でも食べられる歯があるから、健康でいられ、90歳目前でも気力の衰えを感じないでいられるのだろう。

歯は消化器の入り口。嚙むということは、人間の健康にとって非常に重要ということだね。歯が悪くて食べられないと、当然、気分もよくないし、やる気や活力、記憶力などにも影響する。人間を含めた動物は、食べられなくなったら、死ぬのが自然の摂理。動物は自分の死が近づくと、物を食べなくなる。逆に、しっかり嚙んで食べられるということは、生命力があることの証です」

先生は50代のころ、友人の渥美和彦《あつみかずひこ》先生（東大医学部名誉教授）の健康診断を受けたそうです。その結果、驚くことにすべての検査項目が正常値だったそうです。

一般に、50代で検査をすると、どんなに健康な人でも5〜6項目の数値が正常値からはみ出るのが普通です。

渥美先生によると、数万人の検査データの中で、すべて正常というのは前代未聞で、東大の医師仲間では話題になったということです。

先生は健康の元である丈夫な歯を、どう維持しているのでしょうか。

それについてこんなふうに話されています。

「この年まで歯がそろっているのは、遺伝的な要因もあるのでしょうが、悪くならないよう、毎月歯医者に通い、歯と歯茎のクリーニングをしていることが大きいでしょうね。

子どものころは、特別人と違ったことをしていたわけではない。母親から躾《しつ》けられた歯磨きの習慣を守っていただけで、朝起きて歯を磨く、夜寝る前に歯を磨く。磨き方にしても、いまのような専門家の指導があったわけではありません。ただ、習慣化していたから、磨かないと気持ち悪いので磨いていた。それでも、虫歯はほとんどなかった。いつだったか、少し虫歯になって治療した記憶があるが、それぐらいです。治療目的で歯医者に行ったのはそれきりです。

40年前に田北先生の所に通うようになったきっかけは、歯を治す友人のつき添いです。友人は子どものころから歯で悩んでいて、アメリカ帰りの歯科医の最新治療を受けたいと田北先生の診察を受けたのです。

同行した僕は、先生から『せっかくいらしたのだからあなたもついでに』と促され、診察台に上がることになった。そして『いまはどこも悪くはありませんが、そろそろ50歳になるのですから、月1回専門家のクリーニングを受けたらいかがですか』と勧められました。

以来、月に1回程度のクリーニングに通い続けています。

普通は、歯が悪くなって歯医者に行くのだが、僕の場合は、予防するために通院している。そのおかげで、89歳のいまでも全部歯がそろっているわけです」

こうして先生は父の代から40年来、歯学センターに月1回通院して、歯のクリーニングとチェックを行っているのです。

虫歯や歯周病になってから受診するのではなく、ならないように受診するという予防歯科の重要性をよく理解されています。そして、いまでも「歯は治療してはいけない。予防するものだ」という言葉を形にされています。

年齢とともに口の中の老化も進行します。唾液が少なくなり、細菌《さいきん》感染をしやすくなります。歯を支える骨もしだいに薄くなり、歯茎も痩せてきます。油断していると虫歯や歯周病が進行するのです。

40代、50代の歯周病罹患率は予備軍を含めると約8割、60代は約9割です。しかし、予防や治療をしている人はまだほんの一部なのです。歯肉炎及び歯周疾患の患者数は、厚労省の統計では331万5000人（平成26年厚生労働省患者調査の概況）ですから、多くの人は歯周疾患がありながら受診もせず、いずれ歯を失ってしまう運命にあるといってもいいでしょう。ちなみに、国民病とされる糖尿病の総患者数は３１６万６０００人（同前）ですから、歯周疾患のほうが多いのです。

歯周病と糖尿病はともに生活習慣病で、年齢とともに増加します。歯周病がある人は糖尿病になりやすく、悪化する傾向にあります。

このふたつの国民病を予防し、改善させるためにも、定期的な口腔内のクリーニングとチェックが大切なのです。

よく噛めると運動も記憶もアップ

予防歯科の知識を早くもち、それを実践しているかどうかが、シニアの健康格差につながるといえます。

野田先生に会った人は誰でも、89歳とは思えないはつらつとした動きやピンと伸びた背筋に驚かれると思います。実は、先生は歯だけではなく、運動能力も年齢知らずなのです。その秘密をこう話されています。

「僕は学生時代、山岳部に所属し山登りをしていたので、いまでも健脚です。趣味のゴルフでもよく歩いている。歯が丈夫であることと足腰がしっかりしていることが、いつまでも若くて活力を維持する秘訣かもしれない」

歯が丈夫であることと運動能力には密接な関係があることが、運動と歯の関係に関するいくつもの研究でわかっています。

たとえば、よく噛める人は、起き上がる、歩くなどの動作がスムーズで、行動範囲も広く、運動習慣のある人ほど残っている歯が多いといった研究などです。

歯が健康で健脚である野田先生が、いつまでも元気で若々しいのは、医学的に見ても理由があることなのです。

もうひとつ、こんな研究もあります。それは歩行速度とアルツハイマー型認知症との関係です。

アメリカ神経学会の研究によると、歩行速度が遅い人は、やがてアルツハイマー型認知症になるリスクが高いということです。記憶力や日常の活動量、そして歩行速度から、認知症リスクを知ることができるかもしれない。それを示唆する研究です。

最近よくいわれている軽度認知障害（ＭＣＩ）は、認知症の前段階の状態で、このときに早期発見し、対策をすれば認知症に進まないとされています。思考記憶力と日常活動力、歩行速度とは関係が深いと考えられます。

このことからも、歯が健康で健脚な人は、認知症リスクが小さいとも考えられます。

噛むことで記憶力が高まることも、多くの研究でわかっており、認知症にも歯の格差が関係していることがわかります。

歯の治療が人脈づくりにつながる

本田宗一郎さんは「病院は患者さんをもてなすホテルのようでなければいけない」とおっしゃっていましたが、日本歯学センターのコンセプトも、まさにそれでした。ですから、クリニックは居心地のいいサロンとしての機能もあり、患者さんに利用していただく設計になっています。診察するついでに、サロンでくつろぎ、そこで出会った患者さん同士で情報交換したり、親しくなったりする。そこからまた新しい人の輪ができ、歯の大切さを伝えていく。

「歯は社会的存在。噛むためだけの道具ではない」という日本歯学センターの基本的思想を形にしていくのが、父や私が考えてきた歯科の在り方なのです。

本田さんや野田先生だけでなく、多くの優れたトップリーダーが、このコンセプトを面白がってくれ、通ってくださっているのだと思います。エイチ・アイ・エスの澤田秀雄さんもそのなかのひとりです。野田先生の紹介で、歯を治しにみえた方です。

そして、IT業界を代表するひとりであるDさん。彼はお会いする以前から本田宗一郎さんを尊敬しており、Dさんが30代のころ、初めてふたりはここで顔を合わせました。日本経済新聞のインタビューなどで、本田宗一郎さんとは歯医者が同じだった縁でおつき合いが始まったと話しています。そのきっかけとなったのもやはり野田先生でした。

Dさんはその後、本田さんの自宅パーティーに招かれ、次々にパソコンについて質問を浴びせられたそうです。本田さんは、その説明を目を輝かせて面白がっていたそうです。

このときの出会いは、彼の実業家としての志に大きな影響を与えたといいます。

Dさんは若いころから非常に謙虚な方でした。私の父は、まだ若いが高い志をもった彼に「出世払いで治しましょう」と治療を始めたそうです。本田さんをはじめとする著名な経営者と親交を深めるなかで、Dさんも歯を治していきました。

治療を始めたころのDさんは、歯を強く嚙みしめることで傷んだ歯が数本ありました。人間は踏ん張るときに歯を強く嚙みしめます。スポーツ選手などには、嚙みしめるために歯が割れたりしてボロボロになる方もよくいます。大記録をもつプロ野球選手などもそうだったといわれています。Dさんも若いころから懸命に努力し、踏ん張ったのではないでしょうか。

歯を治して歯に関するトラブルがなくなると仕事に集中でき、健康状態もよくなる人が多いのです。歯は精神状態を反映します。仕事でストレスがたまると歯に影響します。ですから、重責を担う地位の方は、歯の健康にも気をつかい、セルフコントロールをしています。

これからも丈夫な歯でしっかり噛んで、活躍していただきたいと思っています。

オーナー一家3代が健康を証明

前述の美容関係のメーカーの会長、その子息で社長のOさん親子は、必ず1ヵ月から2ヵ月に1回、歯の定期健診とクリーニングで来院します。ふたりともたいへん元気で、会長は70歳前後でエベレストに登ったり、スキーを楽しむスーパー・アクティブシニアです。

50代の社長は忙しい仕事を精力的にこなしながら、世界のヨットレースにも出場し、上位の成績を収めるスポーツマン。

ふたりとも虫歯も歯周病もない健康な歯です。会長は40代終わりから30年以上、来院していますが、ここ10年以上治療の必要がない、ピカピカの歯をしています。しかし、最初に来院した30年ほど前には、歯周病と虫歯がありました。それをすべて治療し、その後は3ヵ月おきに予防のために通院しています。

そのため、40代のときよりも、80代のいまのほうがずっといい歯になったといえるでしょう。普通は年齢とともに歯の状態は悪くなるのですが、歯の大切さに気づかれてから、歯の年齢が若返ったのです。

社長は20代のときに来院し虫歯を治され、30年間にわたり1ヵ月に1回のクリーニングを受けています。50代のいままで歯周病とは無縁な健康な歯を保っています。歯周病知らずの社長は、同世代の歯周疾患のある人が罹患しやすい、糖尿病や心臓病などの生活習慣病にも縁がない健康体です。

大きな責任を負っている経営者には、健康でいること、病気にならないことが求められます。そのことをエグゼクティブは自覚しているからこそ、歯を大切にするのです。仕事に邁進《まいしん》しなければいけない働き盛りの人こそ、歯と口腔内を健康にしたいものです。

歯を治して体調もよくなり、気持ちも前向きになっていった会長は、大切な家族にも歯の大切さを伝えていきました。

まず、自分の妻に受診を勧めました。夫人は40代でしたが、夫より歯の状態は悪く、年齢だから歯が悪くなるのは当たり前と思い込んでいました。

しかし、歯を治して、夫と同様に体調がよくなり、考え方も積極的になっていきました。あまり活動的ではなかったのに、海外旅行にもどんどん行くようになりました。きれいな歯が入ると自分でも歯磨きを熱心にするようになり、人に会うのも億劫《おっくう》ではなくなったからでしょう。

歯を治すことで外見も変わり、周囲から10歳は若返ったといわれるようになりました。若くきれいになれば、自信につながりますし、積極的に人前に出ていくようになるのです。

結婚した息子さんが奥さんに受診を勧め、さらに、義母、子どもたちというように、家族に歯の健康がつながっていきました。

大企業の経営者Wさん一家も、30年前から家族全員が協力して歯の治療と予防を続け、全員が健康で、5人の子どもたちは全員虫歯ゼロです。全員矯正を行い、海外に留学し、帰国するたびに、来院されて歯のチェックとクリーニングを続けているお孫さんのひとりは、大学で一番歯のきれいな学生に選ばれ表彰されたと聞き、私もとてもうれしかったのを覚えています。

こうやって親から子へ、子から孫へと歯の健康意識が伝えられていけば、家族全員が健康になれます。それだけではなく、家庭の和も図られ、活力が出て幸福感も増してきます。仕事や学業にもよい影響があり、海外などでも活躍している方が多いのです。

自分だけでなく、家族や子、孫というように伝えていく健康の波及効果は何物にも代えがたい家族の財産です。

歯並びや口臭が成否を左右する

美人を形容する「明眸皓歯《めいぼうこうし》」という言葉があります。中国の楊貴妃《ようきひ》をたとえたそうですが、澄んだ瞳と白く美しい歯は美人の条件なのです。

見た目をよくするためには矯正治療も大切です。矯正できれいな歯並びになると、歯磨きがしやすくなり、汚れも残りにくく、時間も短縮できます。矯正は治療の側面よりも予防医療としての役割が大きいのです。

歯周病や虫歯予防はもちろんですが、口の中が清潔だと、風邪をひきにくくなりますし、肺炎などの病気予防にもつながるからです。

矯正で噛み合わせがよくなると子どもの成績が上がるという矯正専門医もいます。

私が矯正を学んだ先生によると、噛み合わせがよくなることによって体全体のバランスが整い、集中力や意欲が増すのだそうです。

統計をとったわけではないのですが、私の臨床経験から、矯正で歯並びを治療すると、結婚に縁遠かった方の結婚が決まることもありました。

脳科学的にいうと、男女ともに「顔の左右が対称のものに惹かれる」という説があり、矯正治療によって顔の左右バランスが整ったことが一因かもしれません。

あるいは、歯並びがよくなるとよく笑うようになり、出会いに積極的になることも影響しているのかもしれません。

人はしゃべっている人の口元を無意識のうちに見ています。口元はあなたが思っている以上に相手に見られているものなのです。そのため、ビジネスの成功は口元にも影響されるといえるのです。

また、口臭《こうしゅう》も、思っている以上に対人関係に影響します。口臭のある人とは長く話したくありませんし、とくに女性は臭いに敏感です。交渉相手に嫌われると営業成績にもかかわってきます。もしかしたら出世にも響くかもしれません。

ビジネスにとって歯並びや口臭の影響はけっして小さくはないのです。

格差解消にはトップダウン方式を

本田宗一郎さんがご自分で歯を治された後、部下にも歯を治すようアドバイスしましたが、上に立つ人が率先して歯を治すと、波及効果は組織全体に及びます。

一部のリーダーのデンタルＩＱを上げても、日本人全体の歯はよくならないのではないかと思われがちですが、私はそうは思いません。会社のトップや影響力のある人が、自分の歯をよくして歯の大切さを理解していけば、より多くの人が影響を受け、社会全体のデンタルＩＱも上がっていくのではないかと考えています。

たとえば、いまの首相が歯をきれいに治し、それをテレビやネットで国民の知るところとなったら、何割かの国民も同じように歯を治そうと思うかもしれません。

もちろん、最初から多くの人の歯をよくするボトムアップの方法もありますが、トップダウンのほうが効率的のような気がします。

少子高齢化が進み、急速に医療の改革が必要なときには、やはり、時間がかかる方法では間に合わないと思うからです。むしろ、トップの歯を治し、歯の大切さを理解してもらい、その影響力でより多くの人の意識を変えていく、あるいは会社の健康づくりの一環として、トップの指示で歯の健康を推進していくほうが、効率はよいのではないでしょうか。

本田宗一郎さんが部下たちに「歯を治して世界に出ろ」と指示したように、企業や国のトップが歯を治してそのよさを実感し、今度は国民や社員にそれを伝えていくという方法もあっていいと思うのです。歯を治すメリットをトップが説き、実践することで、社員も歯を治し大切にするようになるはずです。

見た目がきれいで、自分の健康のためによく嚙める歯、海外に行っても軽視されない歯にすることの重要性をよく知っているリーダーの言葉は説得力があるはずです。

当然のことですが、食品関係の会社の方は、口臭に気をつけることが、仕事に大きな影響を及ぼします。営業担当者のきれいな歯は、顧客の好感度を上げるはずです。仕事上のメリットも交えながら、社員や部下に歯の重要性を教育すれば、企業にも利益をもたらすのではないでしょうか。

第３章　認知症や寝たきり予防と歯の格差

——歯が高齢者の寿命を決める

50代からでも歯は守れる

私のクリニックには65歳以上のシニア世代の患者さんがたくさんおられます。父の代から2代にわたって30年、40年と通ってくださる70代〜90代の方も多く、それらの方々の共通点は年齢を感じさせないほど元気で活動的なことです。

40代、50代から通院し、そのころに歯を治し、以来30〜40年間定期的に通院されているのです。追加治療を必要とすることもありますが、虫歯にもなりにくく、歯も欠けたり壊れたりしていません。歯周病もほとんどありません。

歯は道具にたとえれば、非常に酷使される道具といえます。高齢者の歯は若いころ、あるいは中年のころからどんな治療を受けてきたかによって明らかに差が出るといっていいでしょう。

十数年間の通院で歯から健康体に変わった患者さんがいます。Aさんは現在70代、最初の受診は60代初め。ある食品メーカーの重役でした。初診当時は、詰め物がとれた状態の歯があり、虫歯も何本かありました。治療をして3ヵ月に一度の通院で歯のクリーニングと小さな処置を行ってきましたが、70代のいまは歯も歯茎の状態も体の健康状態も良好です。

さらに、劇的に変化したのがＡさんの夫人です。ご主人の勧めで受診した夫人は当時50代で、歯並びが悪くて奥歯は上下ともに部分入れ歯でした。奥歯がしっかり噛めていない状態だったので、インプラントを入れて噛めるようにし、矯正して、最後に歯周病治療を行い、ご主人同様３ヵ月に一度のクリーニングとメンテナンスに通っています。その結果、年齢と逆行して口の中が若返りました。と同時に生活も大きく変化しました。

この間、夫人は事故で1ヵ月入院されたことがありますが、ちゃんと噛めて食べられたことで回復も早かったそうです。

Ａさんも持病の腰痛が悪化して脊椎《せきつい》の手術をされ、一時歩行ができない状態でしたが、しっかり噛めることで栄養がとれ、体力が落ちなかったため、リハビリも順調に進み回復が早かったと聞きました。

いまは夫婦そろって元気で、一緒にスポーツジムに通い、リタイア後の人生を謳歌《おうか》しています。

25年以上前には、80歳以上の日本人はひとり平均４本しか歯が残っていませんでしたが、80歳で20本以上歯を残そうという厚労省と日本歯科医師会の提唱する「８０２０運動」の推進により、同省の調査（平成23年）によると80～84歳では約３割が残っています。

しかし、ちゃんと嚙める健康な歯が残っている人は多くはいません。「何でも嚙んで食べることができる」人の割合は50代で78・２％、70代で59・２％と年齢とともに減少しています。高齢になるとともに、咀嚼の格差が開いていくのです。

Aさん夫婦のように、歯が悪くなる50代、60代で適切な治療を受け、定期的なクリーニングやメンテナンスを続けると、歯は若返ることができるのです。普通、年齢とともに歯の本数は減り、嚙む能力も低下します。歯周病でどんどん歯を失って、半ばあきらめている中年世代の人も、Aさん夫婦のように治療と予防を行えば、いまからでも健康な歯を取り戻せるのです。

認知症や脳梗塞と歯の格差

いま国をあげて取り組んでいるのが「健康寿命」の延伸です。寿命の長さだけではなく、自立して生活ができ、寝たきりや介護を受けたり、入院をしない期間、いわゆる「健康寿命」を延ばそうという取り組みです。

日本人の健康寿命は男性71・１９歳、女性74・２１歳（２０１３年厚労省報告）で、平均寿命（２０１３年、男性80・２１歳、女性86・６１歳）よりそれぞれ9年、12・４年短くなっています。つまり、10年前後も要介護状態や入院などで過ごす人が多いということです。世界一の長寿国を達成した日本ですが、今後の課題はこの健康寿命をさらに延ばし、元気な高齢者を増やすことです。

厚労省が行った調査によると、歯が少ない高齢者や入れ歯の状態が悪くてよく嚙めない高齢者は、健康状態が悪化する傾向にあります。さらに、歯を失って嚙めない人は、寿命も短くなるという調査結果も出ています。

高齢者の健康格差を考える上で、最初にあげられるのが認知症です。認知症の増加は世界の先進国の共通する課題で、WHOとアメリカ国立老化研究所（NIA）の共同調査によると、日本を含む6ヵ国のアルツハイマー型認知症患者1385名を対象に行われた調査で、「歯の喪失」がリスクのひとつとわかりました。

認知症と歯の関係に関する研究はたくさんあり、「認知症は歯が少ないほど、嚙む力が弱いほど、そしてかかりつけ歯科医院がない人ほど発症リスクが高まる」ことは、ほぼ定説になっています。

日本でも厚労省研究班が65歳以上の健常者を4年間にわたって追跡したところ、歯を失って嚙めなくなった人は、最大1・9倍も認知症のリスクが高まるということです（67ページの図表

1)。

記憶力や認知力が低下することと、嚙まなくなることには、明確な関係があることがはっきりしています。このことをもう少し詳しく説明したいと思います。

嚙むことは、私たちが考えている以上に複雑で、多くの神経が関与する高度な脳の働きです。歯、舌、唇は高度に連携して食べ物を嚙み砕き、飲み込みます。また食べ物に混じった砂粒ひとつさえ、簡単に取り出すことができる繊細な器官なのです。

嚙まなくなって、記憶力が低下したという高齢者はよく見られますが、これは嚙むための神経や感覚などを司《つかさど》る脳の神経が萎縮《いしゅく》するためで、よく嚙めなくなってくると血流が低下して、脳の細胞死が進んでいくことが原因です。

たとえ、歯を失ってもしっかり嚙めるインプラントや義歯を使用すれば、認知症リスクは低下することもわかっています。

もっとも大切なのは歯を失わないことですが、失ったからといって諦めることはありません。そのために私たち歯科医の治療はあるのです。しっかり嚙めるインプラントや義歯を入れれば、記憶力の低下は防げるのです。

歯を失って嚙む力が低下すると、さまざまな病気にかかりやすくなります。

図表1　歯を失うと認知症発症リスクが高まると判明

〈歯を失うと最大1.9倍、あまり嚙めない人は1.5倍のリスクに〉

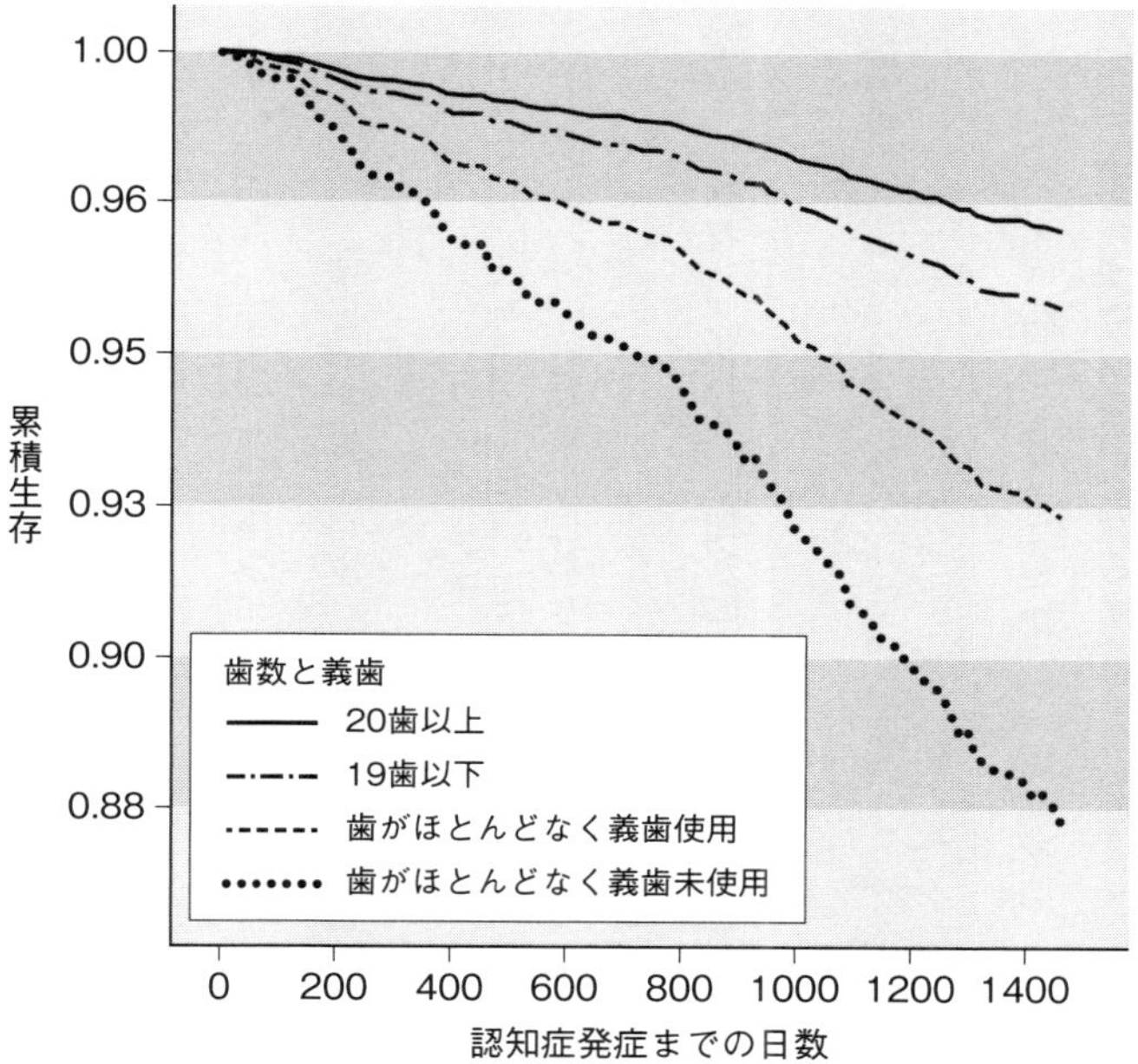

65歳以上の健常者で、年齢や治療疾患の有無、生活習慣などにかかわらず、歯の状態の悪化と認知症発症は関係があることが初調査で判明

累積生存：認知症でない人の割合
調査内容：65歳以上の健常者のうち4425名につき、4年間にわたって認知症の認定を受けたか否かを追跡した結果

出典：神奈川歯科大学などによる平成22年度厚生労働省研究班

たとえば、心血管疾患（CVD）による死亡と歯の数との関連です。歯の数が少ないほど、心血管疾患で死亡する人が増えます。中高年以降に増加する脳梗塞《のうこうそく》でも同じです。

失った歯が多いほど、脳梗塞の一種であるラクナ梗塞が起きやすいという調査もあります。脳梗塞にはいくつかのタイプがあり、そのうち日本人に多いのがラクナ梗塞です。脳の深い場所の細い血管が詰まるのが原因です。歯を失うと、このラクナ梗塞が多くなるという調査もあるのです。

また、脳梗塞は血管が詰まることで起きますが、歯周病は動脈硬化の原因や、悪化の要因と考えられています。歯周病がある人ほど動脈硬化になりやすく、脳梗塞のリスクが高まるともいえるのです。

逆にいえば、歯が健康な高齢者は認知症や脳梗塞になりにくいのです。

寝たきり予防と歯の格差

高齢者の寝たきりの原因の多くを占める転倒事故にも、歯が関係しています。高齢者の事故の81％は転倒によるものです（東京消防庁２０１４年統計）。転倒を防ぐことで、寝たきりになるのを防ぐことができ、さらに要介護になるのを減らすことになります。

65歳以上で、歯がほとんどなく、義歯を使っていない人は、歯が20本以上ある人に比べて、転倒のリスクが２・5倍高くなります。それに対して、歯はないが義歯を使用している人は１・３倍で、義歯があれば、転倒リスクはかなり低くなるのです。

普段自宅で生活していて転倒する高齢者も少なくなく、とくに夜中にトイレに行くときに転倒することが多いようです。義歯を使用している人は、夜は義歯を外していることが多いため、バランスを崩しやすくなり、転倒しやすいと推測できます。

転倒を防ぎ寝たきり防止のためには、歯を失う高齢者を減らすこと。自分の歯を失っても、きちんと噛める義歯やインプラントを使用することが必要なのです。

十分に歯があり、きちんと噛むことができると活動量も多くなります。歯がいい高齢者ほど運動をしているのです。

団塊の世代が全員75歳以上になる２０２５年問題がいまから問題になっています。認知症や寝たきりなどの高齢者が急増し、介護や医療がパンクすると懸念されていますが、野田先生のように元気な高齢者が増えれば、大きな問題とはなりません。

高齢者の歯が健康で、もし歯を失ってもインプラントや義歯できちんと噛める人が増えれば、

2025年問題もだいぶ解消されるのではないでしょうか。

高齢になって寝たきりになるかならないかに、歯は大きくかかわっているのです。

歯の少ない人ほど寿命が短くなる

歯や口腔内が健康で、しっかり嚙める人は、意欲や記憶力にもプラスに作用します。

虫歯や歯周病で歯を失い、嚙み合わせや歯並びが悪くて嚙む力が低下すると、胃腸や脳などに悪い影響を及ぼします。歯を失えば失うほど、寿命が短くなるという調査もあります。

「オーラルフレイル」という言葉があります。これは「歯・口の機能の虚弱」という意味です。

東京大学高齢社会総合研究機構の大規模な健康調査（千葉県柏《かしわ》市における）によると、虫歯や歯周病などで歯を失い、しっかりと嚙んで食べられなくなることで、高齢者が要介護になるリスクが大きくなることがわかりました（図表2）。

オーラルフレイルにより栄養が十分とれなくなると筋肉が減少し、やがて歩行が困難になり、活動全般が衰えていき、最終的には寝たきり状態になっていくというのです。このことは歯や口の機能の低下は、要介護のきっかけになることを如実に示しています。

つまり、要介護になりたくなければ、まず、きちんと嚙んで食べられる歯や口をつくることが

図表2　要介護の入り口・サルコペニア《筋肉減少症》

〈口の中の状態が悪くなると直接影響が現れる〉

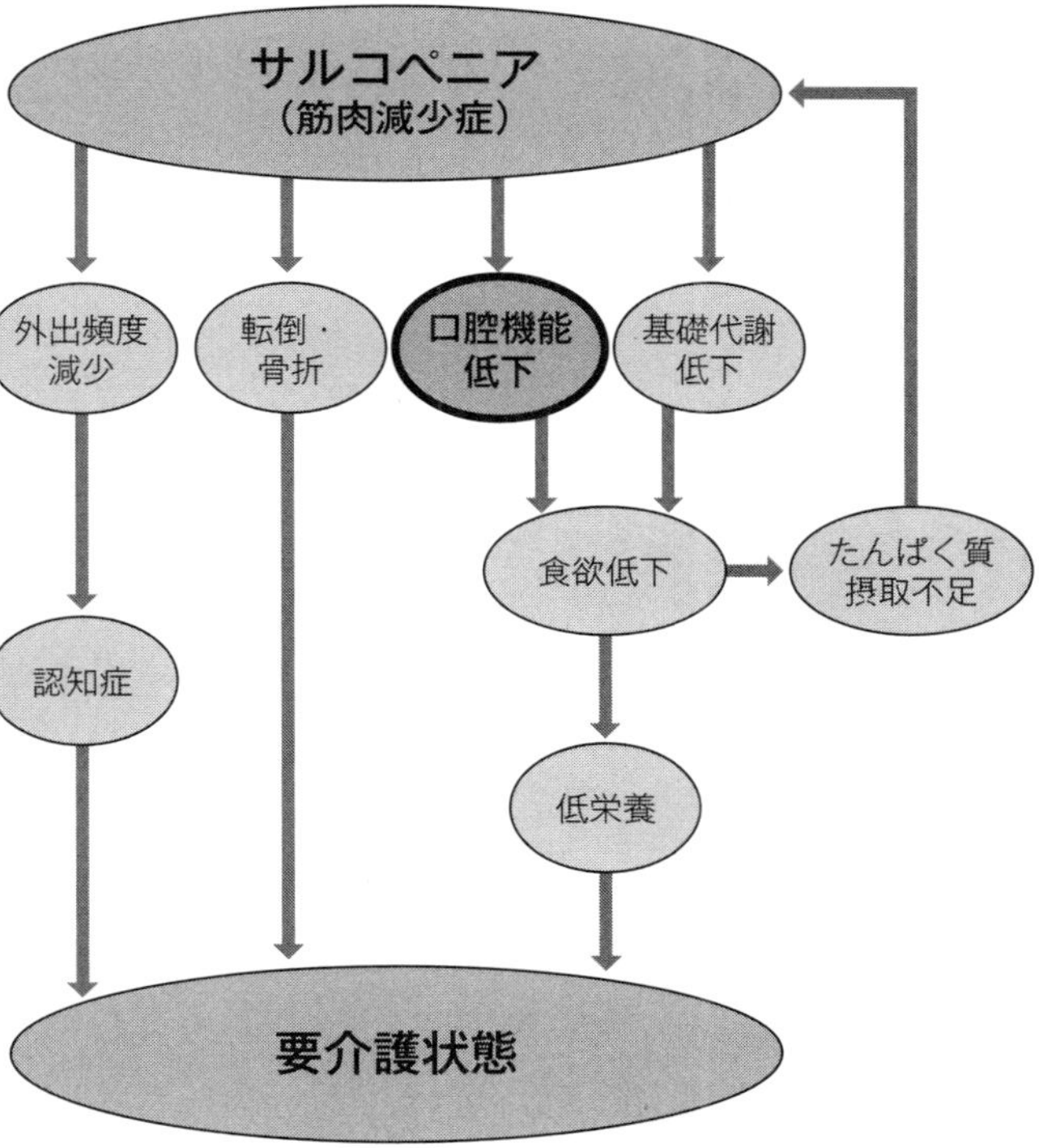

出典：東京大学高齢社会総合研究機構　飯島勝矢氏作成

必要不可欠なのです。

厚労省が推進している「健康長寿社会」の第一歩は、口からといっても過言ではありません。「健康長寿社会に寄与する歯科医療・口腔保健のエビデンス２０１５」（日本歯科医師会）には、歯と口腔の健康が心身に与える影響に関する多くの研究が紹介されていて、内外の信頼できる研究を集めています。

なかでもイタリア、北欧諸国、ドイツ、アメリカ、日本、中国など36の研究論文から得られた結果は、注目すべき報告といえます。

歯が多く残っている人は寿命が延びる、また、歯を失っても義歯などを使って嚙めるようにすると、寿命が延びるというのです。

同様の研究はこれまでも日本や海外でもたくさん行われており、２００６年の日本の調査（対象80歳以上１１８人）では、20本歯のある人と比べ、その本数以下の男性の死亡率は、２・７倍でした。

アメリカでも同様な調査があり、平均年齢57歳の５００人を調査したところ、歯が20本以上ある人に比べ、19〜1本の人は死亡率が２・２倍、ゼロ本の人は１・８倍でした。

デンマークやスウェーデンなどでも同じような結果が出ています。

ただし、歯を失えば長生きできないというわけではありません。要は、きちんと嚙んで食べられることが大切なのです。歯がなくてもインプラントや義歯などを使って嚙めていれば、歯のある人とそれほど大きな差はありません。

がんや肺炎予防に効く歯の健康

歯は、がん、呼吸器疾患による死亡との関連も報告されています。

歯の喪失とがん死亡との関連については、日本での調査があり、歯がない人は胃・食道がんで１・４倍、がん総死亡では、20本以上歯のある人に比べて、まったく歯のない人は４・１倍もがんによって死亡しているということです。統計上で４倍以上の開きがあるということは、がん予防のひとつとして歯の健康があげられるということです。

また、歯のない人ほど肺炎の死亡数が増えています。歯を失う原因の９割が歯周病と虫歯ですから、肺炎は歯や口腔の状態と密接に関係していることが、改めてわかります。

２０１０年のスウェーデンの調査では、歯が26本以上ある人とそれ以下の人を比べると、心血管疾患（ＣＶＤ）死亡は、20〜25本の人は１・９４倍、15〜19本の人は３・１３倍、10〜14本は３・４１倍、10本未満は４・４１倍でした。歯が少なくなるほど心血管疾患が増加するのです。

こういったさまざまな調査は、歯を失うことで病気になりやすく、寿命が縮まることを示しているといえます。

つまり、病気を予防し、長生きしたいなら、歯の健康を維持することがとても大切なのです。歯と口の健康は治療によって取り戻せます。年のせいだからと諦めて放置するのはやめましょう。

噛んで食べないと低栄養に

病気や怪我《けが》からの回復力は、人によって違いますが、食事から栄養をとることが回復には絶対必要です。その場合、自分の歯で噛んで食べることが、とても重要だと私は思っています。

高濃度栄養液や胃瘻《いろう》による栄養摂取の場合は、必要な栄養素を入れているにもかかわらず、実際に食べる場合とはまったく違います。また、医療や介護の現場では、普通の食事は窒息などの危険があるという判断で、流動食にすることがあります。

もちろん、必要な場合はありますが、できるだけ早く普通食に戻さないと、体が回復して体調がよくなっても、普通食が食べられなくなることもあります。

食べることは歩くことと同じです。その機能を使わなくなると、その部分がどんどん衰えていく廃用症候群になります。そして、いったん食べる機能を落としてしまうと、元に戻すには専門的なリハビリが必要になり、時間もかかります。

介護現場では人手不足などの事情もあり、やむをえず刻《きざ》み食《しょく》やおかゆ、ミキサーでどろどろにした「ミキサー食」などを入所者に食べさせている所もありますが、できるだけ普通の食事をするほうが誤嚥性肺炎や低栄養を防げるのです。

歯や口の健康を維持することは、介護者や医療現場の負担を減らすことにもつながります。

ソフト食をやめたら元気に

私の信頼している特別養護老人ホームの理事長で、Ｉさんという女性がいます。彼女は入所者の食事を、ソフト食から普通食に替え、高齢者に食べる喜びを取り戻して話題になった人です。

多くの介護施設では、飲み込む力が弱い高齢者用のソフト食を利用しています。ソフト食は見た目は普通の食事ですが、噛まなくても飲み込めるように軟らかくつくってあります。普通食に近い硬さのものから、流動食に近い軟らかいものまであり、咀嚼能力に合わせて硬さを選べるようになっています。

食べるとむせるなどソフト食が必要な人にはたいへん素晴らしいものですが、ソフト食ばかり食べ続けていると噛む能力をあまり必要としないため、最終的には流動食になってしまうことが多いのです。また、便利なため、普通食が可能な人でもそのままソフト食を食べ続けてしまいがちになります。

彼女はあるとき、入居者が真横に倒されたリクライニングチェアに寝かされたまま、口からミキサー食を流し込まれている光景を目にしました。

介護では食事のときは、体を90度に起こすというのが基本です。これでは食事とはいえないとIさんは衝撃を受けました。

ソフト食は便利だが、嚥下《えんげ》能力の低下につながっているのではないかとIさんは考えました。さらに、内視鏡によって嚥下能力をチェックする検査をするのですが、入居者がこの検査を受けるたびに軟らかい食事になる傾向がありました。そのため、普通の食事をとっている入居者は65人中8人しかいませんでした。

そこで、Iさんは、噛んでもらうためにソフト食から普通の食事に切り替えることにしたのです。医師と相談し、入れ歯の点検もしました。体を起こして普通の食事を、自分できちんと噛んで食べられることをめざしました。

その結果、早ければ2日、遅い人でも1週間程度で、自分で普通の食事を食べられるようになったということです。

そのことがさらなるよい効果を生みました。普通の食事にしてもむせる人が減り、あまりしゃべらなかった人がしゃべるようになり、笑顔も多くなってきました。さらに、昼間のおむつ着用が減り、ゲームなどに参加する人が増えました。

何よりも食事を楽しめるようになり、それが意欲や活力を甦《よみがえ》らせたのです。自分で噛んで好きなものを食べることが、いかに大切かを、Iさんの試みが物語っています。

咀嚼・嚥下能力が衰えると、人間はどんどん生きる力を失っていきます。ほかのことができても食べられなくてはダメなのです。このことをきちんと行っている施設に入るか、ソフト食や流動食に頼っている施設に入るかで、余生は大きく変わってしまうのです。

昔は、高齢になると肉などカロリーの高い動物性たんぱく質をとらずに、あっさりした食事をするのが、健康的といわれていました。しかし、最近では高齢者こそたんぱく質をたくさんとり、カロリーの高い食事をすることが推奨されています。栄養学の面からも、高齢者のたんぱく質不足は体力や免疫力の低下を招き、病気に罹患しやすいといわれています。東京都老人総合研究所（現・東京都健康長寿医療センター）では「元気で長生きの10ヵ条」として、一番に「咀嚼力の低下を防ぐ」をあげています。

そして、高齢者はむしろ、形ある素材、繊維の多い素材、ある程度の噛みごたえのある素材を食事のメニューに加えることが望ましいとしています。つまり、刻み食やおかゆよりも、普通の食事が大切なのです。

また、歯の本数が少ない高齢者ほど、たんぱく質やカルシウム、ビタミンなどの栄養素が不足し、炭水化物が増加するというデータもあります。

東北大学大学院歯学研究科加齢歯科学分野の調査では、残っている歯が少ない人の場合、食物繊維、カリウム、ビタミンCが不足。機能している歯が少ない人の場合は、ビタミンB_1、ビタミンB_2、鉄分が不足し、咀嚼能力が弱いと感じている人の場合は、カルシウム、たんぱく質、リン、塩分、エネルギーが不足しているということです。

介護状態とならないために必要なことは、まず栄養をとること、そのためには口で噛んで食べることなのです。食事をおいしく食べることが健康寿命を延ばし、歓びや生きる意欲をつくっていくのです。

歯は消化器管の入り口であり、食べることは生命を維持する基本です。その基本の歯・口の健康を保つことが、元気で長生きの秘訣です。

「天然の抗生物質」＝唾液の効用

もうひとつ忘れてはならないのが、嚙むことで唾液の分泌が促されることです。

口の中が乾燥するドライマウスという症状があります。水分量の少ないものが食べにくく、常に飲み物を手放せない、口の中がねばねばして口臭がするといった症状に思い当たる人は、ドライマウスの可能性があります。これは唾液の分泌が減少するのが原因です。分泌が極端に減少すると、舌や口がしびれたりして、うまく口が回らなくなってしまうこともあるのです。

唾液は口腔内を潤《うるお》して汚れを流すだけではなく、食物を軟らかくし、溶かすことで消化を助けてくれます。唾液の減少は消化不良にもつながるのです。

唾液は「天然の抗生物質」と呼ばれ、病原菌の繁殖を防いでくれます。免疫力を高めるラクトフェリンも多く含まれ、不足すると口腔内の細菌が繁殖しやすくなり、虫歯や歯周病、口内炎が起こりやすくなります。さらに、唾液が減少すると口中が傷つき感染症を起こしやすくなり、場合によっては、食道炎、萎縮性胃炎、嚥下障害を起こす一因になります。

経管栄養などで直接栄養をとっている人の中には、食物を嚙まないために唾液が出なくなっている人がいます。すると口の中の雑菌が繁殖、カンジダ菌などの繁殖で舌が白くなり、ひび割れてしまうこともあります。

嚙んで唾液を出すという当たり前のことが、実は私たちの体を守ってくれているのです。また、唾液には食物中の発がん物質の毒性を抑え、老化の原因である活性酸素を減少させる作用があることもわかってきました。

ドライマウスで唾液が減少していると、活性酸素が6倍にも増えてしまうというのです。活性酸素の増加は老化を促進させます。シミやしわなどの皮膚の老化だけでなく、細胞などを酸化させ病気を引き起こすといわれています。

唾液の老化度は体の老化度を測る目安でもあるのです。活性酸素を増やさないためには、嚙んで唾液をたくさん出すこと。嚙むことが老化防止につながっているのです。

唾液量は歳をとると自然と減少していきます。また、ストレスやシェーグレン症候群などの自己免疫疾患、降圧剤、抗うつ剤、風邪薬などの抗コリン作用薬の副作用、さらに糖尿病、更年期障害などでも唾液は減少してしまいます。

よく嚙んで食べること。唾液の量にも注意を向ければ、自分の健康状態のチェックにもなるのです。

運動能力と歯の格差

歯の格差は運動能力にも及びます。

40歳を過ぎてもアメリカのメジャーリーグで活躍しているイチロー選手は、きれいな歯並びをしていますが、本人も歯を大切にし、一日5回も歯を磨いているそうです。

歯がいい人は身体能力も高い傾向にあります。スポーツ選手は噛む力も一般の人より強く、虫歯も少ないという調査があります（「男子スポーツ選手と同年代の人の虫歯」「男子スポーツ選手の総咬合力」８０２０推進財団資料より）。

虫歯や歯周病がなく歯並びがそろっていると、噛む力が強くなり体のバランスも安定します。射撃やボート、ゴルフといった体のバランスや集中力を必要とされるスポーツでは、噛み合わせはとくに重要になります。運動するためにスポーツマウスガードをつくることもあります。

噛み合わせは体のバランスに直接影響します。

歯並びをよくするには、子どものときからきちんと噛むことが大切です。

とはいえ、現代の食生活は軟らかいものが多く、現代人は顎《あご》が極端に小さくなっています。遺伝も関係してはいますが、何も手を打たずにいると子どもの歯並びは悪くなってしまいます。

歯並びが悪いと歯が磨きにくく、汚れが溜《た》まりやすくなります。そして虫歯や歯周病になるリスクも高まります。歯並びの悪さは噛み合わせの悪さにもつながります。噛み合わせが悪いと体全体のバランスが崩れ、姿勢も悪くなりがちです。また、食物を噛む力が弱くなりますから胃腸への負担も大きくなり、消化吸収能力が低く、成長にも影響が出てくることもあります。

歯を磨くだけではなく、よく噛むことも家庭で教育して、その上でかかりつけの歯科医で定期的にチェックをする。この習慣を続けることが大切なのです。

知識のある歯科医なら、子どもの将来の歯の生え方や顎の形は、レントゲン検査などであらかじめわかります。専門医に紹介することも含め、矯正をするかどうかなど、適切なアドバイスができる歯科医を選ぶようにしてください。

野球選手はなぜガムを噛むか

アメリカの野球中継を見ていると、ガムを噛んでバッターボックスに立つ選手が多いことに気づきます。これは噛むことで脳が活性化し、集中力や運動能力が高まることを、選手たちは体験的に知っているからです。

これを裏づける実験（小野塚實《おのづかみのる》神奈川歯科大学教授）があります。市販のチューインガムを若者に噛んでもらい、MRIを使って、噛むことと脳の関係を調べたところ、大脳皮質の体性感《かん》覚野《かくや》と運動野《うんどうや》の神経活動が活性化したのです。噛むと運動を司る場所が刺激され活発に動くため、集中力が高まり瞬発力を発揮できるそうです。

小野塚先生の別の実験では、噛むことがリラックス効果をもたらし、ストレスを減らすことが示されました。これもMRIで脳の状態を調べたところ、ガムを噛んでいるときには、ストレスを感じる扁桃体《へんとうたい》の活動が抑えられ、好き嫌いを認識する前頭前野の活動が抑えられていました。同時に、ストレスを感じると血液中の値が上昇する副腎皮質刺激ホルモンやノルアドレナリンなどが減少することもわかりました。

これらの実験からわかることは、噛むことはいやな気持ちやストレスを和らげる効果があるということです。

ストレスは記憶を司る海馬《かいば》の萎縮をもたらすことがわかっています。これはPTSD（心的外傷後ストレス障害）のベトナム帰還兵の調査で知られるようになったことですが、ストレスにさらされる期間が長ければ長いほど、海馬の萎縮がすすみ、記憶力の低下が見られます。海馬萎縮が長く続くと、認知症の原因にもなります。

噛むことはストレスを減らし、海馬の萎縮も抑制してくれるのです。

噛む効用は手術の現場でも発揮されています。消化管の手術後に、患者さんにガムを噛んでもらって回復を早めている医師もいます。胃や腸の手術をした後にガムを噛むと、腸管の動きの回復が早まり、術後の痛み止めの使用が減少するということです。

しかも、ガムを噛むだけなのでコストもかからず、副作用もありません。

手術後、術後イレウスといって、腸の働きが悪くなりガスが出ない状態が起きますが、その予防法としてもガムを噛むことが有効なのだそうです。

どうせ噛むなら、虫歯予防効果をもつ、キシリトール入りのガムを噛むことをぜひお勧めします。

笑顔や見た目を左右する歯の格差

海外の女優さんやミスユニバース候補者のみなさんの笑顔はとても美しく、歯並びも完璧です。顔が左右対称で歪みがなく、噛み合わせも合っているからなのです。もし、奥歯がなかったり片側だけが低かったりして噛み合わせが悪くなると、顔にも歪みが出ます。歯の噛み合わせは、骨格の一部だからです。顔の正中線《せいちゅうせん》がちょっとずれたり歯茎の位置が左右ちょっと斜めになっていても、きれいな笑顔にはならないのです。

営業や接客などで人と接する職業の人は、笑顔がとても重要です。きれいな歯は清潔感を演出するためにも欠かせません。顔の一部である歯によって仕事の成果に差が出る場合もあるのかもしれません。

歯を治すだけで同じ人でも見違えるように美しくなることを、私たち歯科医は経験しています。歯の位置や高さがほんの1〜2ミリメートル変わるだけで、顔のバランスまで変わってきます。若々しい顔も老け顔も、歯によってつくることができます。なぜなら噛み合わせは骨格の一部だからです。ミスコンに出るつもりなら、歯を治すことは絶対条件なのです。

ただし、顔のバランスを考えて噛み合わせを治すこと。それをきちんとできる歯科医にかかることが大切です。歯科医といっても、矯正や顎顔面外科の経験がない歯科医もいます。自分の歯と健康をトータルにみてくれ、人生のライフステージに合わせて適切な治療や指導をしてくれる歯科医を見つけることが大切です。

しかし、日本では歯学教育や行政も含めて、生涯にわたってみてくれるかかりつけ歯科医の育成を重要視してきませんでした。歯科医の質とその国民の歯の状態というのは、リンクしているといっていいでしょう。そして、そのことは日本の歯科医療をどうするかといった、医療行政のグランドデザインの問題でもあります。

患者さんの生涯にわたって、削って治すだけでない、患者さんの歯を守る歯科医を育成するために、歯科教育も歯科行政、保険医療制度も変わってほしいと私は願っています。

歯を治して気づく見た目の大切さ

『人は見た目が９割』（新潮新書）というタイトルの本があります。仕事をする上でも、顔の印象は重要です。

噛み合わせは口元をつくり、顔をつくっていきます。歯並びがきれいで噛み合わせも正しいと、顔も左右対称になります。しかし、歯並びが悪かったり、噛み合わせがアンバランスだと、顔も歪んでしまいます。すると、体にも歪みが出てしまいます。左右非対称は不健康の隠れたサインです。その人全体のイメージも、噛み合わせひとつで変わってくるのです。

それまで、自分の歯に無頓着《むとんちゃく》だった人が、歯を治し、口腔の状態がよくなると、外見の大切さに気づくことがあります。

有名な演奏家の方が来院したことがあります。この方は練習が生活のすべてに優先し、いままできちんと口腔ケアをする時間も余裕もありませんでした。そうすると、どうしても歯に影響が出てきます。ついに虫歯などの痛みが耐えられなくなり、当院を受診しました。

演奏家にとって、練習と音楽以外に時間を使うことは、どこか後ろめたさがあったのかもしれません。外見にかまけていてはいけないというストイックな気持ちもあったと思います。それはそれでたいへん尊い生き方です。

この方のように、音楽家や芸術家には子どものころから生活のほとんどが音楽や芸術のことだけという方が多く、歯の健康よりも練習が優先という方が少なくないようです。練習が第一ですから、歯のメンテナンスに時間をかけるのがもったいないと考えても無理はありません。歯並びや歯の白さにも無頓着になりがちです。

しかし歯を全部治して、ようやく歯の大切さに気づくことになります。これまであまりかまわなかった外見にも気をつかうようになってきます。新聞や雑誌などに出る自分の写真で、歯並びや歯の白さが自分のイメージを左右するということにも気づきます。

欧米先進国の演奏家と日本の演奏家とは歯に対する意識という点で、少し違いがあるように思います。海外の演奏家はみなさん歯がきれいですから、だんだん有名になるにつれ、自分の歯との差にも気づくことになります。やはり芸術家ですから、美には敏感なのだと思います。

人前で演奏し、人に見られているわけですから、外見も芸術の一部として大切だと、歯を治されたことで気づかれたのです。

奥歯がないと出っ歯に

政治家は人前に出て自分をアピールする必要があります。そして、知性や清潔感を出すには歯は大事な武器になります。歯並びの白くきれいな人は、笑顔も爽《さわ》やかに見えますし、清潔感があります。歯並びや歯が悪いと、その印象は逆に働きます。

歯並びが悪いために損をしている政治家の中に、大臣経験もある有名な女性がいます。具体的にいえば、前歯が突きでて出っ歯の状態です。歯学では、歯や歯並び、顎の形と顔の関係が研究されています。歯並びと顔立ち、顎の形態からみれば、彼女は奥歯がないために前歯が突出し、出っ歯になったと考えられます。

歯は顎の上にきれいに並んでいますが、奥歯がないと顎の位置がずれてしまうのです。嚙んだときに上下の奥歯が嚙み合うのが正しいのですが、奥歯がないと本来の位置で顎が止まらず、前にすべるように動き、下の前歯が上の前歯を押し出してしまいます。この力が常に働くと、上の前歯が押されて動き、出っ歯になってしまうのです。

大人になってから出っ歯になってしまった方の多くは、虫歯や歯周病で奥歯がなくなったか、奥歯が入れ歯になっている可能性があります。部分入れ歯は骨に支えられるものではなく、歯茎で人工物の歯を支えています。強くものを噛むとどうしても入れ歯が歯茎に食い込んでしまいます。そのぶん力が前歯にかかり、歯を前に押し出してしまうことも起こるのです。

歯並びはかかる力によって変化しますから、本来はまっすぐであるべき歯並びも、偏った力が加わって前方や側方に移動してしまいます。

同時に、変形した歯と歯の間に隙間ができ、そこにさらに力が加わると隙間が広がっていき、歯がぐらぐら揺れるようになります。

前歯が腫れる、ぐらぐらする。前歯を治療したのに何度も壊《こわ》れてしまう。そういう方は奥歯のトラブルが原因になっていることが多いのです。

奥歯に入れ歯を入れている人や奥歯の高さが低い人、歯周病などで奥歯でしっかり噛めない人は、前歯にまで影響が及んでいると考えられます。できるだけ早く歯科医に相談し、しっかりと奥歯で噛めるようにすることをお勧めします。

第4章　ビジネスマン生命を左右する歯周病

――歯周病予防で健康になる

歯周病は国民病

歯を失うもっとも大きな原因は歯周病です。日本人の中高年の8割は歯周病と推定されています。ギネスブックには歯周病が世界ナンバーワンの感染症に認定されています。歯周病は歯の周囲に棲《す》みついた細菌、歯周病菌によって、歯を支えている骨である歯槽骨《しそうこつ》が溶《と》かされていく感染症です（94〜95ページの図表3）。

初期にはあまり自覚症状がなく、しだいに歯肉に炎症が起きて赤く腫れ、歯磨きなどで出血する歯肉炎となります。そのまま放置していると、病気は次第に進行していきます。

進行するにしたがい、歯と歯肉の間に歯周ポケットと呼ばれる深い溝ができ、その中で歯周病菌はさらに繁殖します。繁殖した歯周病菌の塊《かたまり》は歯垢《しこう》（プラーク）といいます。その外側に抗生物質や歯磨きでは取り除けないバイオフィルムという膜をつくります。

バイオフィルムに守られた歯周病菌により、さらに炎症が強くなり、出血に加えて膿《うみ》が出ることもあります。歯肉だけではなく、歯を支える歯槽骨にも炎症が及んできます。

進んだ歯周病では歯茎や骨が壊死《えし》を起こしていますから、ひどい口臭がします。歯がぐらぐらして食べ物を噛む力が弱くなり、胃や内臓に負担がかかることになります。やがて、歯の土台である骨の大部分が溶け、大切な歯を失ってしまうのです。

さらに、歯周病の人は、口の中に棲みついた大量の細菌を、毎日膿と一緒に飲み込んでいるわけですから、心臓病や肺炎など全身の病気を引き起こしたり、悪化させることにもなるのです。

健康食品やサプリメントをとる前に、まず口の中をきれいにすることが、健康への早道なのです。

風邪をひかなくなったバレリーナ

私の患者さんに、ロシア人のトップバレリーナがいます。以前はよく風邪をひいていたのですが、歯を治したらまったく風邪をひかなくなったそうです。

彼女は名門バレエ団に所属し、若いころから練習漬けの日々でした。それとあいまって口腔ケア不足、海外での不十分な治療のために、歯だけでなく歯茎までも病んでいました。

数年前、私がウクライナの首都キエフにバレエ公演を観に行ったとき、彼女と一緒に食事をする機会があり、歯の悩みを打ち明けられたのです。当初、彼女の歯は虫歯や歯周病で歯の根のほとんどがダメになっていました。歯周病が悪化していて、ロシアでは治しても治してもよくなるどころか、どんどんダメになっていったということでした。

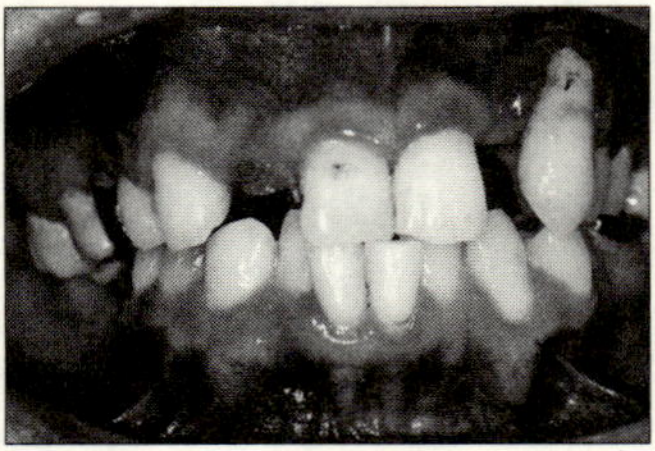

歯周病により腫れ上がった歯茎。虫歯もあちこちに見られる。

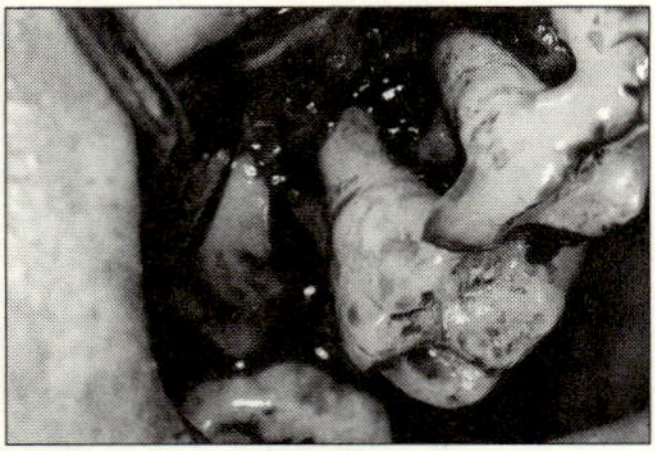

腫れ上がった奥歯の汚れをとるために歯肉を切開したところ。歯茎の中の骨（歯槽骨）が半分以上溶けて歯根が露出している。

歯4

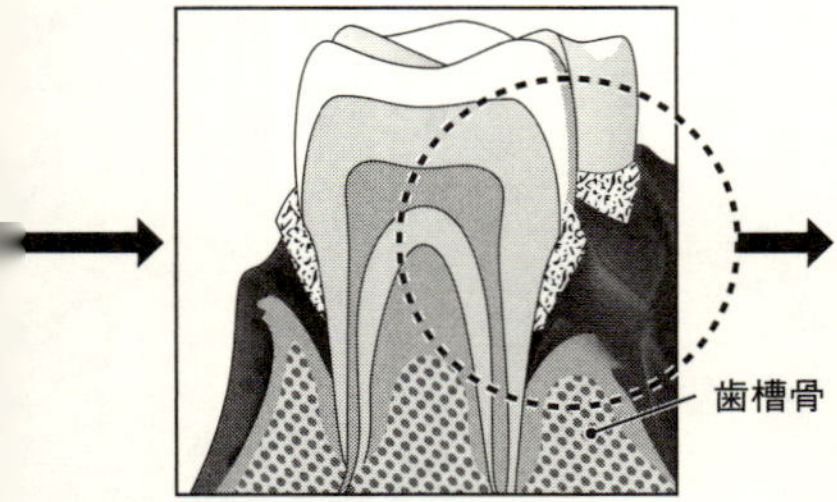

Ⅲ期　中等度歯周炎

炎症が奥まで進み、歯茎はブヨブヨした状態になり、血や膿が出て、口臭もひどくなる。歯槽骨がかなり溶けて、歯がぐらついてくる。

歯5

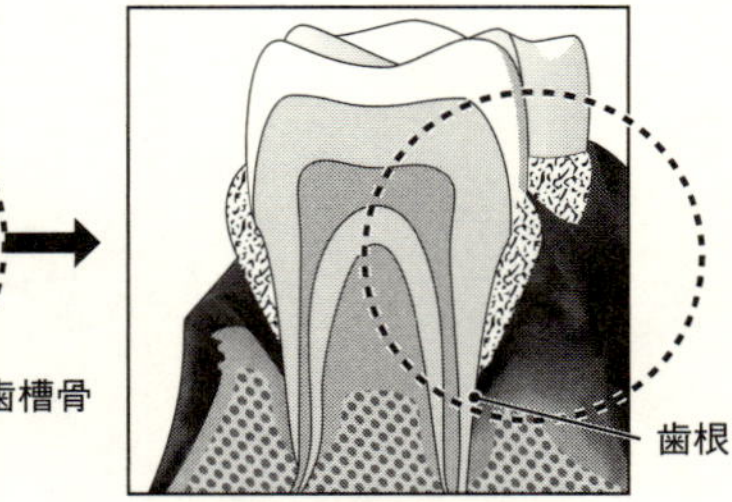

Ⅳ期　重度歯周炎

歯周病の末期症状。歯槽骨がほとんどなくなって、歯根が露出する。ものを嚙むことはできず、歯が抜けることも。

出典：財団法人 8020推進財団「歯周病対策で健康力アップ　からだの健康は歯と歯ぐきから」より（写真以外）

図表3　歯周病はこうして進行する

〈自覚症状が少なく、中高年の8割以上がかかっている国民病〉

歯1

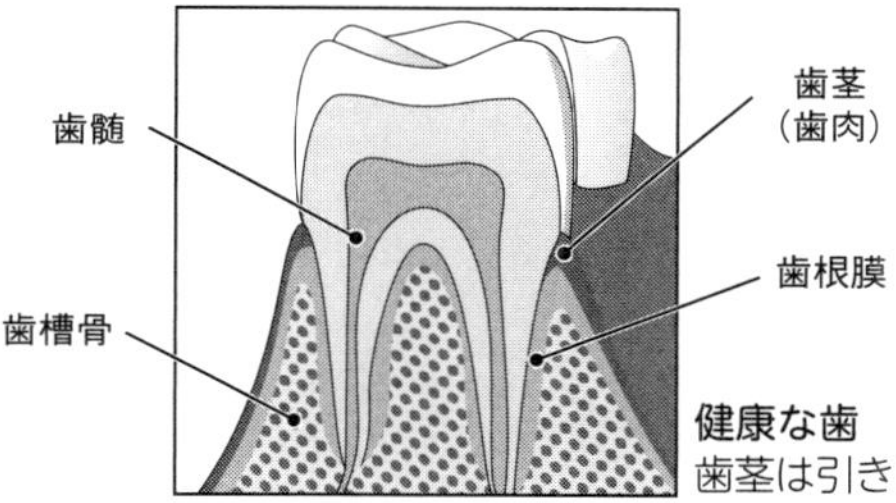

健康な歯
歯茎は引きしまって血色がいい。

歯2

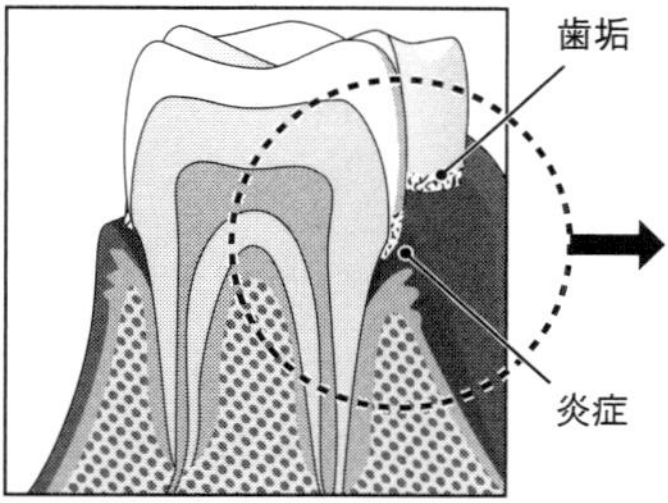

Ⅰ期　歯肉炎
歯周病菌の出す毒素などで歯茎に炎症が起こる。赤く腫れるが、見ただけではわからないことも。

歯3

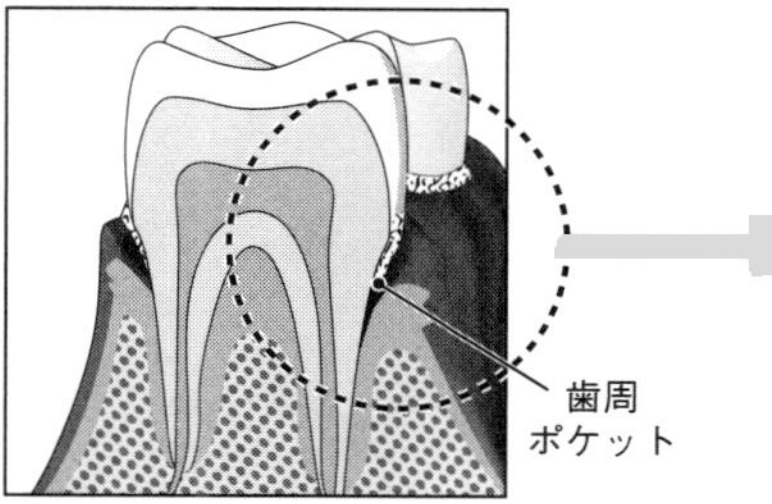

Ⅱ期　軽度歯周炎
歯周ポケットという溝ができ、歯垢や歯石がたまる。歯茎から出血したり、膿が出ることも。歯槽骨が溶け始める。

彼女の場合も、母国での治療は対症療法だけで、虫歯が悪化して抜歯をした歯もありました。治療しては、抜くか抜かないかを検討するというくり返しだったようです。

私は当初は、1ヵ月に1回から2ヵ月に1回くらい、来日の折に治療を行いました。歯周病の治療を行いながら活躍中の彼女の見た目が変わらないように綿密に計画を練り、抜かなければならない歯を少しずつ抜いて、代わりにインプラントを1本ずつ入れていきました。

歯をすべて治し、口腔内の状態がよくなると、若いころから頻繁にひいていた風邪をひかなくなったそうです。彼女からは「歯以外で一番変わったのは、風邪をひかなくなったことです」と、感謝されました。

歯周病などで口の中のトラブルがある人は、口腔内に大量の細菌を培養《ばいよう》しているのと同じです。口の中が菌だらけで不潔だと、口内炎《こうないえん》ができやすくなり、風邪も治りにくくなります。歯周病菌の出す毒素が喉《のど》を守る繊毛の働きを阻害し、ウイルスや細菌を体から排除しにくくするからです。

口の中が清潔で健康な状態だと抵抗力が増し、風邪やインフルエンザへの予防効果が高まります。とくに、高齢者の肺炎予防に口腔ケアが効果的であることがわかってきたことで、口腔ケア

郵便はがき

料金受取人払郵便

小石川局承認

1770

差出有効期間
平成30年11月
30日まで

112-8731

東京都文京区音羽二丁目
十二番二十一号

講談社　第一事業局

講談社+α新書係　行

愛読者カード

今度の出版企画の参考にいたしたく存じます。ご記入のうえご投函くださいますようお願いいたします（平成30年11月30日までは切手不要です）。

ご住所　〒□□□-□□□□

お名前《ふりがな》

年齢(　　　)歳

性別　1男性　2女性

★最近、お読みになった本をお教えください。

本のタイトルを
お書きください

a　本書をどこでお知りになりましたか。

1 新聞広告（朝、読、毎、日経、産経、他）　2 書店で実物を見て
3 雑誌（雑誌名　　　　　　　　　　）　4 人にすすめられて
5 DM　6 インターネットで知って
7 その他（　　　　　　　　　　　　　　　　　　）

b　よく読んでいる新書をお教えください。いくつでも。

1 岩波新書　2 講談社現代新書　3 集英社新書　4 新潮新書
5 ちくま新書　6 中公新書　7 PHP新書　8 文春新書
9 光文社新書　10 その他（新書名　　　　　　　　　　）

c　ほぼ毎号読んでいる雑誌をお教えください。いくつでも。

d　ほぼ毎日読んでいる新聞をお教えください。いくつでも。

1 朝日　2 読売　3 毎日　4 日経　5 産経
6 その他（新聞名　　　　　　　　　　　　　　）

e　この新書についてお気づきの点、ご感想などをお教えください。

f　よく読んでいる本のジャンルは？（○をつけてください。複数回答可）

1 生き方／人生論　2 医学／健康／美容　3 料理／園芸
4 生活情報／趣味／娯楽　5 心理学／宗教　6 言葉／語学
7 歴史・地理／人物史　8 ビジネス／経済学　9 事典／辞典
10 社会／ノンフィクション

に力を入れる介護施設も増えています。

実際の介護や医療現場でのレポートや研究でこのことは次々に実証されてきています。多くのエビデンスの積み重ねがあり、「風邪やインフルエンザ予防に口腔ケアが有効」という認識が広がっているのです。

たとえば、歯科衛生士による高齢者へのブラッシング指導や舌磨きを、週1回実施した奈良県の介護福祉施設では、口腔ケアで口腔内の汚れを取り除いた結果、普通に歯磨きだけをしていた人たちと比べて、インフルエンザ発症率が10分の1に激減したといいます。

口腔ケアを実施してから、肺炎がほとんど発生しなくなった施設もあります。

同様の調査は全国でも行われており、東京都府中《ふちゅう》市の介護施設では、普通の歯磨きと歯科衛生士による専門的口腔ケアの比較をしたところ、専門的口腔ケアの場合は、インフルエンザの発症率が87％も減少し、風邪の発症率も24％減少しました。

２００９年、小学生を対象とした調査では、東京都杉並区の二つの小学校で生徒に昼食後の歯磨きをさせたところ、同じ区内の小学校に比べ、インフルエンザの発症率が減少したと報告されています。この年は新型インフルエンザが流行し、日本中が大騒ぎになりました。２校のインフルエンザの学級閉鎖率は平均45％で、他の区立小学校41校の平均79・６％に比べ34％も少なかったのです。昼食後の歯磨きだけで、こういった効果が出るわけですから、専門的な口腔ケアを行い、口の中を常に清潔にしておけば、インフルエンザはある程度防げると思われます。

なぜ、インフルエンザ予防に口腔ケアがこんなにも有効なのでしょうか。それは、インフルエンザウイルスの感染経路に関係しています。インフルエンザウイルスは口腔内の粘膜に付着して感染します。その際、口腔内細菌の出す酵素である、プロテアーゼやノイラミニダーゼが、インフルエンザウイルスの吸着を助けるのです。これらの酵素で、ウイルスはより感染しやすくなります。ですから、口腔内の細菌が多ければ酵素の働きも強力になり、インフルエンザウイルスが感染しやすくなるわけです。

もし、歯周病があって歯茎に炎症があれば、感染力はさらに大きくなります。逆に、口腔内細菌が少なく酵素の働きが弱ければ、感染力をより小さくすることができます。ロシアのバレリーナが風邪をひかなくなった主な原因は、口腔内の健康度が上がったこと、そして口の中の細菌が減り、ウイルスに対する抵抗力が増したからだと思われます。風邪やインフルエンザシーズンには、口腔内のクリーニングを徹底することが、予防につながるのです。

毎年、国や地方自治体ではインフルエンザ予防を呼びかけていますが、「マスク、予防接種、うがい、手洗いをしましょう」とはいっても、口腔ケアについてはあまり触れられてはいません。ぜひ、口の中のクリーニング、歯や口の中を清潔にしましょうというキャッチフレーズも加えてほしいと思います。

生活習慣病と歯周病は40代から

社会の多分野で活躍するビジネスマン、とくに40代、50代の働き盛りの人は、健康にもっとも注意をしなければならない年代です。この時期の健康習慣が将来の健康格差につながるからです。そして人生や仕事のターニングポイントであると同時に、体のターニングポイントでもあるからです。

この時期を境に体の抵抗力や免疫も弱くなり、メタボや生活習慣病が増加し、がんや突然死などのリスクが高まります。自分は若くないと自覚し始めるのも、この時期です。

さらに歯の生活習慣病である歯周病も増加しだします。多くの日本人はがんや心臓病、糖尿病などは気にしますが、歯の生活習慣病のことはあまり気にしない傾向があります。

歯周病の罹患率は30代から増加し、40代、50代以降は7～8割の人が歯周病と推測されています。歯周病はいま、成人が歯を失う原因のトップなのです。

企業家のCさんは40代のときに受診されましたが、歯周病がひどく、食べ物がよく噛めない状態でした。歯周病が改善され、噛めるようになっていくと、いままで食べられなかった硬いものが食べられるようになり、食べ物の種類がどんどん増えていきました。それまでちゃんと噛めなかったことで、自分がいかに不自由だったかがわかったそうです。

口の中が健康になり、口臭も減って口の中の不快感がなくなると、気持ちがすっきりしてきます。咀嚼力が高まると胃腸の調子もよくなりました。健康を実感できるようになったわけです。すると、さらに健康になろうと、Cさんは運動を始めたのです。忙しい合間をぬって、スポーツジムに通ったり、走ったりするようになりました。歯周病が治り、しっかり噛みしめられますから栄養状態も改善し、走りもよくなります。歯がよくなるにしたがい、記録も伸びていったそうです。一般に、アスリートには歯が健康な人が多いのです。歯がぼろぼろのマラソン選手はおそらくいないと思います。

Cさんは50代になったいまのほうが、40代のころよりずっと元気になり、見た目も体も若返ってダンディになったように思います。そして、笑顔で3ヵ月に一度クリーニングに来院するのです。

図表4　歯周病のセルフチェック

〈歯周病は予防がもっとも大切ですが、今からでも遅くはありません。セルフチェックで歯周病の兆しがないか確認しましょう〉

1	朝起きたとき、口の中がねばねばする	☐
2	歯を磨いたり、ものを噛んだとき出血する	☐
3	冷たい飲み物や食べ物、空気がしみる	☐
4	歯肉が腫れ、痛みがある	☐
5	食べ物が歯のあいだによくはさまるようになった	☐
6	口臭がする	☐
7	歯茎が下がり、歯が長くなったように見える	☐
8	固いものを噛むと歯がぐらぐらして噛みにくい ストレス、働きすぎなどもある	☐

【歯周病の悪化要因】

- タバコの煙に含まれるニコチンや一酸化炭素は、口腔内の組織に悪影響を与える。喫煙している本人だけでなく、周囲の人も悪化するので、親などの喫煙は子どもの歯肉にも悪影響を及ぼす。
- 間食が多かったり、歯磨きを怠る、軟らかいものが好き、よく噛まないなどという生活は歯垢がたまる原因となる。
- ストレスや働きすぎなどにより、免疫力が落ちるとかかりやすくなる。

このように、歯がよくなると精神面でもよい効果が出て、前向きになっていく方も多くなります。

歯は消化器官の一部で、消化吸収の第一歩は咀嚼と唾液によって始まります。食べ物をよく噛むことで、つぎの胃腸で消化吸収されやすくしていきます。それがうまくいかなくなれば胃腸の負担が増すことになり、消化吸収能力も低下します。よく噛める歯は胃腸の負担を減らす役目をもっているのです。

また、口の中の病原菌が肺や消化器、心臓、血管などに運ばれて付着し、さまざまな病気を引き起こします。肺炎、感染性心内膜炎、動脈硬化、糖尿病、食道がん、肝炎、早産、流産、低体重児出生、関節リウマチ、骨粗鬆症《こつそしょうしょう》、アレルギーなどは、歯周病や口の中の細菌が関係していることが次々に証明されてきています。

これらの病気のうち糖尿病や循環器疾患などは、中高年に多い生活習慣病です。歯周病や虫歯も生活習慣病であり、相互に悪化させる要因のひとつになっています。口の中の病気を治し口腔内細菌をできるだけ少なくすることが、これらの病気を確実に予防し改善させる近道です。逆に、歯周病や虫歯を放置することは、生活習慣病を引き起こしたり悪化させたりするのです。

血糖値、メタボ改善に歯周病治療

内科や糖尿病専門医を受診し、なかなか血糖値が改善しない糖尿病の方には、ドクターから歯周病を指摘された経験があると思います。歯周病がなかなかよくならない方は、糖尿病を患っていたり血糖値が高くなっている傾向があることは、歯科医の間でもよく知られています。

臨床的にも糖尿病の人は歯周病になりやすく、歯周病の人は血糖コントロールがうまくいかず、病気を悪化させることがわかっています。糖尿病の人はそうでない人の2倍も歯周病になりやすく、また重症化しやすいという説もあります。

いくつもの研究で、歯周病を治療すると血糖値が下がり血糖のコントロールがよくなったと報告されています。

歯科医がきちんと口腔内のチェックをし、歯周病の治療をしても、その改善が思わしくない場合には、血糖値の測定をすることも大切です。糖尿病の早期発見につながることもあるのです。

私の患者さんでも歯を治して口腔内が健康になっていくにしたがい、体の不調が消え、糖尿病が改善し、来院されるたびに生き生きとしてくる方がいました。

「ものが食べられない」と訴え、受診されたBさんという50代の女性です。彼女は糖尿病の持病があり、下の奥歯5本を失っており、前歯は重い歯周病でした。慢性的に喉に炎症があり、常に喉と胃に不調を感じていたようで、頬の内側にも慢性炎症がありました。下の奥歯がなくなっているため、いつも前歯で噛んでいたそうですが、奥歯が噛み合っていないので、下の前歯が上の前歯を突き上げていました。そのうち上の前歯が壊れてしまい、うまく噛めなくなり、食事は丸呑みに近い状態でした。

しかし、前歯がすべてぐらぐらしているにもかかわらず、それを診ている内科では、一度も歯科を受診しなさいといわれなかったそうです。

歯の型をとるのも危ういほど歯周病が進んだ歯から、慎重に型をとり、腐食した歯の根をレーザーなどで処置し、ブリッジの仮歯をつくり、とにかく噛めるように応急処置をしました。同時に、口腔ケアを徹底的に行いました。

Bさんの場合は歯周病で毎日たくさんの病原菌を飲み込んでいたのです。喉などの炎症はその菌によるもので、胃の不調は食べ物を噛めずに丸呑みしていたため、胃に負担がかかり消化不良だったことが影響していました。

こうして歯周病の治療とインプラント治療を行った結果、半年後にはすべての歯が、正常に噛めるようになり、歯周病もよくなったのです。さらに、喉や頬の内側の炎症が治り、胃の不調も解消しました。現在は、3ヵ月に一度のクリーニング、メンテナンスで快適な状態を保っています。

さらに、持病の糖尿病も改善に向かっているそうです。歯の不調が解消したことで、ストレスが軽減されたことも、持病にプラスに働いたと思います。歯と口腔が健康になれば、心身が健康になることをBさんは教えてくれました。

歯が健康でよく噛んでいる人ほど血糖値が上がりにくく、肥満にもなりにくいという研究もたくさん報告されています。

噛む回数が多い場合と、普通の噛み方をした場合の血糖値を調べたところ、よく噛んだほうが食後のインシュリンの分泌量、ピーク量が少ないという研究があります。

また、たくさん噛むと満腹感が満たされ、食べ過ぎを防ぎ、食後のインシュリンの分泌量も減少します。食べ過ぎ防止は肥満防止にもなり、よく噛んで食べることは、ダイエットにも効果的なのです。

重い歯周病の人ほどメタボリックシンドロームになりやすいという調査があります。滋賀県長《なが》浜《はま》市の市民約6000人を対象とした大規模調査です。

重い歯周病の人は、歯周病がない人に比べ、男性で1・3倍、女性で1・5倍、メタボになるリスクが高くなるということです。

働き盛りのビジネスマンにとって気になるメタボリックシンドロームは、肥満が大敵です。メタボ健診で要注意といわれたら、まず、しっかり嚙んで食べるよう心掛けてください。そのためには、まずしっかり嚙める歯を取り戻すことがとても大切なのです。

歯周病の人は心筋梗塞が2倍に

「心筋梗塞で運ばれてくる患者は口が臭い」ということが循環器の医師の間でいわれているそうです。これは、ある新聞に掲載されていた記事にあった話ですが、心臓病と歯周病の関係を、端的に示していると思います。

歯周病の人は、心筋梗塞になる確率が通常の2・8倍だといわれています。歯周病のない健康な歯茎の人と歯周病の人を比較すると、軽い歯周病の人は2倍、重い歯周病の人は4・5倍も心臓病になりやすいという報告もあります。両者には密接な関係があることがわかってきたのです。

36～59歳のサラリーマン３０８1人を対象に、歯周病と心筋梗塞の関係を調べた調査では、「歯肉に出血がある」「歯がぐらつく」「口臭がする」などで歯周病が強く疑われる男性は、そうでない人に比べて、心筋梗塞になる率が約2倍高いと報告されています。

平成24年に東京医科歯科大学病院循環器内科の入院患者を対象とした調査では、冠動脈《かんどうみゃく》疾患の患者には歯周病や歯周病菌の感染が進んでいる人が多いとの報告があります。

心臓病は日本人の死因の2位ですが、アメリカでは死因トップは心臓病です（アメリカの死因統計によると第1位は心臓血管疾患、2位はがん、3位は慢性呼吸器疾患）。そのため、アメリカでは昔から心臓病に関する研究が盛んに行われてきました。歯周病と心臓病の関係を示すデータも数多くあります。

その中に心筋梗塞で死亡した人の冠動脈にできた血栓《けっせん》を調べたものがあります。心筋梗塞は心臓の動脈に血液の塊が詰まって起こるもので、その血栓を調べたところ、そこには歯周病菌が多く検出されたのです。このことから、口腔内の歯周病菌が血管内に侵入し、血液で運ばれて心臓の血管に付着し、血栓の一部となっていることがわかったのです。

また、アイルランドとイギリスの研究によると、口腔内の細菌のひとつが血液凝固を引き起こし、心臓病の感染性心内膜炎の原因になるということです。この病気は心臓の弁に細菌や真菌が付着して起き、心臓外科医の間では、注意を要する病気として知られています。

高齢者だけではなく20代の若い人にも起き、手術してみると心臓の弁に菌が付着しています。直径10ミリメートル以上の大きな塊が付着していることもあるということです。細菌の名前はストレプトコッカス・ゴルドニ（*Streptococcus gordonii*）。歯の表面のプラーク（歯垢）をつくっている連鎖《れんさ》球菌《きゅうきん》のひとつです。この細菌が歯肉から血液中に入り込み、血管内で塊をつくることがわかったのです。

この細菌はヒト蛋白《たんぱく》フィブリノーゲンという血液凝固因子になりすまし、血小板《けっしょうばん》を活性化して血管内で血の塊をつくることを促進させるのです。しかも、免疫システムや抗生物質に強い防護膜をつくりだすため、なかなかこの細菌を殺すことはできません。そのため、心内膜炎や血管の炎症が起きることになります。

付着した菌は弁に穴を開けることもあり、放置すると死亡することもあります。歯周病菌があると、心臓病、動脈硬化や脳卒中《のうそっちゅう》など心血管系の病気にかかりやすいということが、臨床体験だけでなく、こういった研究からもわかります。

歯周病は脳梗塞の危険因子

歯周病菌は血栓をつくる原因のひとつですが、血栓が脳の血管をふさぐと脳梗塞になります。歯周病が脳梗塞のリスクを高めるという研究も、内外で多く報告されています。

心房細動《しんぼうさいどう》による脳卒中の人には、歯周病菌が多いことがわかりました。また、アテローム血栓性脳卒中（動脈硬化で狭くなった太い血管が詰まる脳梗塞）でも、歯周病菌が多く検出されています。

脳梗塞の場合も、心筋梗塞と同様、歯周病菌によってつくられた血栓が原因になったと考えられます。

また、同じく血管が詰まる病気である閉塞性《へいそくせい》動脈硬化症の場合でも、歯周病がある人はそうでない人に比べ、リスクが5倍になるという報告もあります。

動脈硬化は動脈の血管が硬くもろくなり、血管が狭くなる病気です。動脈硬化があると心臓病や脳卒中など循環器の病気になりやすく、歯周病菌は動脈硬化を促進するとされています。血管内に入り込んだ歯周病菌が、血流で全身の血管に運ばれ、血管壁に付着して炎症を起こし、動脈硬化を悪化させるのです。

ですから、アメリカでは動脈硬化による病気の治療には、医師と歯科医師が連携して行うことが勧められています。また、歯周病が中等度以上の患者さんには、医師や歯科医師は動脈硬化の病気になるリスクを説明する必要があるとされています。

歯周病菌がいかに多くの循環器系の病気に関係しているかがおわかりかと思います。心臓病や動脈硬化の予防には、食事や運動が重要ですが、口腔内の細菌を減らし、歯周病を治すことがとても重要なのです。

肥満や脂質異常症（高脂血症）、糖尿病でもないのに心臓病や脳梗塞などになった人は、歯周病のチェックを受け、歯周病と診断されたら早めに治療をしてください。口腔内のクリーニングを定期的に行えば、再発が防げるかもしれません。

関節リウマチは歯周病で2・7倍

更年期以降の女性に多く発症する関節リウマチは、関節を包んでいる滑膜を、自分の免疫細胞が攻撃する自己免疫疾患です。日本人の患者は現在、約70万人と推定されています。

発症原因には、女性ホルモンや遺伝的要因、ストレスなどが関係しているといわれていますが、歯周病とも関係しているという報告がたくさんあります。

最近では、日本リウマチ学会で、歯周病が関節リウマチの発症に影響を与える可能性があることが報告されました。京都大学附属病院リウマチセンターの橋本《はしもと》求《もとむ》医学部特定助教らが行った疫学調査での発表です。

約1万人の大規模な調査から、歯周病の人には関節リウマチに関係するCCP抗体が多く、歯周病は関節リウマチの発症に関係していることが示唆されました。このCCP抗体は関節リウマチになる前からできるために、CCP抗体をつくりだす働きをする歯周病菌が、関節リウマチ発症を促しているとも考えられます。

京大病院リウマチセンターを受診した72人の患者の調査からも、歯周病の関節痛患者は、関節リウマチと診断されるリスクが約2・7倍高くなることがわかりました。

アメリカでも以前から多くの研究が行われていて、同様のことがいわれていました。中等度以上の歯周病があると関節リウマチの発症率が上がる（ミネソタ大学の大規模調査）、関節リウマチ患者では歯周病を治療すると関節リウマチが改善する、といったものです。

この調査では、治療しなかった患者には変化が見られなかったことから、関節リウマチの症状を改善させるためにも、歯周病の治療が大切だということです。中高年女性で関節リウマチを抱えている人は、ぜひ歯科医院での歯周病チェックをお勧めします。

歯周病は長期間にわたって歯茎に炎症が続いている状態です。こういった火がくすぶるような慢性炎症が、免疫系の過剰反応を引き起こし、自分の細胞を攻撃するようになるのではないかとも考えられています。

歯周病は歯茎だけの病気ではなく、体全体の免疫に影響を与えているとも考えられます。つまり、歯周病を治すのはリウマチ治療への近道だといっていいでしょう。

歯周病の妊婦の早産リスクは7倍

妊娠性歯肉炎という言葉を聞いたことがあるでしょうか。妊娠中の女性は歯茎に炎症が起こりやすく、歯周病になりやすいことで名づけられたものです。

妊娠すると女性ホルモンのバランスが急激に変化し、体も大きく変化します。唾液の酸性度が高くなり、口腔内の免疫力も低下します。辛《つら》いつわりで歯磨きが十分にできなくなる人もいます。こういった妊娠特有の特殊な状態により、口腔内に細菌が繁殖しやすく、虫歯や歯周病、口内炎などが起きやすくなるのです。

増加した口腔内細菌は出血した歯茎などから血液の中に流れ出し、全身に運ばれます。

妊娠中の子宮《しきゅう》や胎児《たいじ》に栄養を供給している胎盤《たいばん》にも運ばれます。海外の研究では、早産した妊婦の羊水《ようすい》の中に口腔内の歯垢の中の細菌と同じものが発見されたという報告もあります。歯周病菌による炎症や毒素が原因となり、子宮収縮などに関係する物質が出ることで、早産や流産が誘発されると考えられています。また、羊水に入った歯周病菌が胎児の発育にも悪影響を及ぼす可能性もあります。

アメリカでの疫学調査では、歯周病が妊娠中に悪化すると、43％が早産になるとの報告があります。歯周病のない人の早産率が6％ということですから、実に7倍以上もリスクが高くなるということです。

歯周病の母親から生まれた赤ちゃんの体重が、平均体重より約200グラム少ないという日本での調査もあります。妊娠中に歯周病治療をした場合には、ほぼ平均体重だったことから、妊娠前後に歯周病になったら、生まれてくる赤ちゃんのためにも、きちんと歯周病を治療することが大切だということがわかります。

私の医院では妊娠中にはとくに、虫歯や歯周病の予防を徹底して行います。

妊婦さんの口の中の細菌をできるだけ減らし、歯の表面に細菌がつきにくいようにつるつるに磨きます。後で詳しく述べますが、妊娠中に口腔内の細菌を減らすことは、生まれてくる赤ちゃんや子どもの虫歯ゼロにもつながっていくのです。

歯のクリーニングを3ヵ月に1回行っている人も、妊娠中は1ヵ月に1回行うとより効果的です。口の中がさっぱりしますから、つわりなどで落ち込んでいても、これで気分がすっきりしたという方もいらっしゃいます。妊娠中は努めて歯周病に注意しましょう。

歯周病とがん、肝炎との関係

歯周病との関係を裏付ける報告のなかで、最近ではがんや肝炎などとの関係を示す研究が、次々に報告されています。歯周病は口腔がんだけではなく、咽頭《いんとう》がん、喉頭《こうとう》がん、食道がん、膵《すい》臓《ぞう》がん、胃がん、血液のがんとも関係があるのではないかといわれているのです。

歯周病の人や歯周病にかかったことのある人は、そうでない人よりもがんのリスクが14％高くなり、肺、腎臓、膵臓、血液のがんのリスクが高まるという研究もあります。

ここに歯周病菌と食道がんの関係について調べた研究があります。

食道粘膜に付着した歯周病菌が慢性炎症を起こし、食道がんの発症に関係している可能性があるという研究です。がんの患者200人のがん細胞を調べたところ、細胞内に歯周病菌（トレポネーマ・デンティコーラ）が見つかったのです（国立がん研究センター研究所分子腫瘍《しゅよう》学部）。

このことから、歯周病菌が食道がんと何らかの関係があることがわかります。食道がんの発生にはさまざまな要因があり、一概にはいえません。しかし少しでもリスクを低下させるためには歯周病の予防をお勧めします。

骨粗鬆症を進行させる歯周病

高齢女性の寝たきりの一因となるのが骨粗鬆症です。女性ホルモンの減少とカルシウムの吸収力が低下し、骨量が減って骨がもろくなり骨折しやすくなるのがこの病気です。腰や背中が曲がった高齢女性は多くが骨粗鬆症によるものです。75歳以上の女性は半数以上が骨粗鬆症といわれています。もちろん、男性でも高齢になると骨量が減少しますが、元々骨量の少ない女性のほうに起こりやすいのです。

歯周病と骨粗鬆症にも関係があることが指摘されています。骨粗鬆症の人が歯周病になると、歯を支える歯槽骨が急速に吸収され症状が進行しやすくなります。そして歯周病による歯の喪失と骨密度の減少には関連があるという研究報告です。歯を支える歯槽骨や顎の骨も減少してしまうので、歯周病が悪化しやすいのです。歯周病を治すと骨量の改善が見られるという報告もあります。

骨粗鬆症では骨が折れやすくなるため、転倒で大腿骨《だいたいこつ》などを骨折したことがきっかけとなり寝たきりになる高齢者は珍しくありません。寝たきりで、次第に嚙む力も弱くなっていきます。

嚙む力が弱くなると、どうしても栄養不足になり、カルシウムやビタミンDなどが不足して骨粗鬆症を進行させます。骨粗鬆症は加齢にもよりますが、進行を食い止めるために、歯周病をつくらず、口の健康を維持し、しっかり嚙んで食べて栄養をとることが、とても大事なのです。

ひとつ注意点ですが、骨を硬くする薬を服用している方もいらっしゃいますが、抜歯やインプラントと相性の悪いタイプの薬もあります。飲んでいる薬はきちんと歯科医師に伝えてくださいね。

高齢者死亡の主原因、肺炎を予防

いまから18年前の1999年、イギリスの権威ある医学雑誌『ランセット』に、「口腔ケアによって誤嚥性肺炎が予防できる」という論文が載りました。著者は静岡県の米山武義《よねやまたけよし》歯科医師と東北大学医学部の佐々木英忠《ささきひでただ》教授らで、誤嚥性肺炎予防に徹底的に口の中の汚れをきれいにする専門的口腔ケアが有効であることを実証した有名な研究です。

誤嚥性肺炎とは唾液などを誤って気管から肺に飲み込んでしまって起こる肺炎のことです。とくに、睡眠中に唾液を誤嚥して起こることが多い病気です。

唾液には多くの細菌、歯周病の原因菌などが含まれています。それを誤って飲み込み気管の中に菌が入って、肺に炎症を起こすのです。とくに、高齢者は免疫力が低下しているだけでなく、嚙む力や飲み込む力が低下して、誤嚥性肺炎を起こしやすいのです。

この研究は全国11ヵ所の高齢者施設において、専門的口腔ケアと誤嚥性肺炎の関係を調べたものです。そこで歯科衛生士による専門的口腔ケアを行ったところ、肺炎発症率は40％余り低くなったのです。

さらに、専門的口腔ケアを行ったグループでは、肺炎が発症しても軽くすみ、死亡者数も減少しました。認知症の進行が抑えられることもわかりました。歯科医や歯科衛生士が口腔内のチェックをして専門的な口腔ケアを行っただけで、薬を使用したり、特別な医療行為を行ったわけではありません。

高齢者の死亡原因調査（平成24年）では、がん、心疾患、肺炎がトップ3で、これらが死因の半数を占めています。

肺炎の多くは誤嚥性肺炎が原因で、65歳以上の高齢者のうち、96％が誤嚥性肺炎によるものというデータがあります。多くの高齢者が誤嚥性肺炎で亡くなっており、もし、専門的な口腔ケアが普及していれば、亡くならずにすんだ方が相当数いるということです。

高齢者の場合、義歯の方が多いのですが、義歯を汚れたままにしていると、さらに細菌が繁殖してしまい、リスクが高くなります。

自宅介護の高齢者の場合も、歯科衛生士や歯科医による訪問診療で専門的口腔ケアを増やせば、誤嚥性肺炎の予防になります。

高齢者の中には誤嚥性肺炎をくり返す方もいます。その原因が、実は口腔内の汚れや歯周病にある可能性もあります。抗生物質で治療をするだけでなく、口の中の状態をよくする治療や口腔ケアをさらに普及することが必要ではないでしょうか。

医療費の面からみても、誤嚥性肺炎の予防は医療費の増加を抑えることにつながります。いったん誤嚥性肺炎になると、入院が必要ですし、抗生物質や酸素吸入、人工呼吸器などを使うことになります。

高齢者は重症化すると死亡率が高くなり、医療費も高額になります。発症させないための予防にもっと力を入れこれに医療費をかければ、結果的に誤嚥性肺炎が減り、総医療費も抑えられるはずです。肺炎の原因となる口腔内細菌を減らすのも予防歯科の大切な仕事です。

第5章　歯科医が実践する口腔ケア

——自分でできる効果的口腔ケアから最新治療まで

歯周病予防に口腔内クリーニング

歯周病治療のためには、口腔内の細菌を取り除く徹底的なクリーニングが効果的です。これを専門用語では「プラークコントロール」といいますが、それには毎日自分で行う歯磨きやうがいなどの口腔内の清掃と、歯科医や歯科衛生士が行う専門的なクリーニングがあります。

自分で行う場合には、最初に歯科医や歯科衛生士による指導を受けてください。自己流だと効果的にプラークは落とせず、かえって歯や歯茎を傷つけてしまう場合もあります。

その際、歯科医や歯科衛生士からひとりひとりの口に合わせた歯ブラシを選んでもらうことも大切です。

最新の歯磨きグッズ、たとえば、電動歯ブラシ、歯間ブラシ、デンタルフロスなどを組み合わせて、自分に合った効果的な磨き方を教えてくれる歯科医や歯科衛生士を選びましょう。

また、中高年になると加齢により歯茎が下がってきます。歯茎が下がると、歯と歯の間に隙間ができ歯垢がたまりやすくなります。その隙間は歯間ブラシで磨きましょう。

歯磨き用ペーストにもたくさんの種類がありますので、個人個人に合ったペーストを使って磨くことが大切です。熱心な歯科医院では、あなたの口に合わせて選んでくれるはずです。たとえば、煙草《たばこ》を吸っている人は、歯にヤニがついて変色します。それを気にして昔ながらの研磨剤入りの歯磨きペーストを使いがちなのですが、やみくもに使うのは止めたほうが無難です。なぜなら毎日の歯磨きで、歯の硬い表面を削り取ってしまう可能性があるからです。

たくさんの歯磨きペーストがありますが、歯科医に口の中をチェックしてもらい、あなたに最適なものを選んでもらってください。

歯の黄ばみを予防するには、最新の酵素入りの歯磨きペースト・歯磨き粉がお勧めです。ただ時間をかけるだけの歯磨きは続きません。短時間で効率的な磨き方を教えてもらいましょう。

除菌は3ヵ月に1回が威力有り

当院では歯科医や歯科衛生士による専門的なプラークコントロールは、3ヵ月ごとのクリーニングとチェックです。3ヵ月ごとに行うことには、理由があります。

歯周病菌はクリーニングをしてから3ヵ月でほぼ2倍に増加します。そのため、3ヵ月ごとに徹底的なクリーニングをすることで、細菌を増やさずにきれいな状態をずっと保つようにするわけです。

歯周病菌はいくらクリーニングしても、また増えるのだから、あまり意味がないと思われるかもしれませんが、そうではありません。一度きれいになった歯の表面には汚れがつきにくくなります。3ヵ月ごとにクリーニングをすれば、細菌が少ない状態を維持できることになり、歯周病の予防や悪化防止になるのです。

当院が行っているのはメカニカルトゥースクリーニングといって、数種類のマシンと薬剤の組み合わせで行います。使っている薬剤、機器も含めて、一般的な保険で行えるスケーリング・ルートプレーニング（SRP）とは違います。

他院ともっとも違う点は、十分な話し合いと検査のもと、患者さんの状態に合わせてやり方を変える、いわゆるオーダーメイドのクリーニングというところです。

保険診療の落とし穴のひとつは、治療という目的でしかクリーニングは行えないという点です。また、できる時間や回数、薬剤などに制約があり限界があります。どんな人でも、決められた方法でしかできないと、本人にもっとも合った治療や処置ができないこともあり得ます。しかし、実際にはその人の歯の形、症状、年齢、職業、性格、その日の体調などによって、クリーニング法は変わるはずです。ある人には効果がある方法が、別の人にも同じ効果をもたらすとは限りません。

ですから、患者さん個人個人に合わせ、違う方法を行っています。患者さんひとりひとりの歯を予防という見地で優先して考えれば、どうしてもオーダーメイドのクリーニングに行きつかざるを得ないのです。

メカニカルトゥースクリーニングの方法を簡単に説明すれば、一般には使われない医療用の硬いブラシと、細菌叢《さいきんそう》であるねばねばしたバイオフィルムを落とせる薬を使います。歯の硬さに合わせた研磨剤を使用して、まず汚れを落としてから、ハイドロキシアパタイトというワックスのようなもので、汚れが歯につきにくいようにつるつるに磨きます。同時に、ブラシが届かない歯と歯茎の隙間は超音波スケーラー（水をかけながら超音波の微振動で汚れを取る医療用機器）で歯の表面を傷つけず、また痛みを与えることなく汚れを落としていきます。

また、初期の虫歯や冷たいものがしみる知覚過敏部位には、特別に処方されたフッ素を塗り込み、次回のクリーニングまで様子を見てもらいます。さらに歯肉からの出血、歯ぎしりや咬合痛の原因となる早期接触がないかを調べ、噛み合わせの調整を歯科医師が行います。

かかる時間はほぼ1時間ですが、定期的に通院し、自宅でもきちんとケアしている人は、30分程度ですんでしまうこともあります。

メカニカルトゥースクリーニングを行うと、口腔内細菌は一気に減少します。

歯周病予防や改善のための処置ですが、クリーニングを行うことで、精神面でもよい効果が出てきます。気が滅入ったときや鬱《うつ》状態の人が、クリーニングをすることですっきりと気分がよくなり、病気が治るきっかけのひとつになることもあるのです。また、きれいな歯になって人に会うのが楽しくなったという人もいます。

口の中がべたべたと不快な状態で人に会ったりすると、ほとんどの人は気になりますし、気分もよくないはずです。口の汚れがストレスになることもあります。何かに行き詰まってもやもやしているときに、歯をクリーニングして清潔でピカピカになれば、外出して友人に会おうという気分になるかもしれません。

歯の汚れを取るだけで顔の印象が変わり、若々しく見えるようになります。クリーニングプラスホワイトニングといって、さらに歯のシミと汚れを取るクリーニングをすると、みなさん本当に笑顔が増えます。口臭も取れますから、人に会って話をすることも気になりません。

こういったことが心理面にも影響を与えることもあります。仕事にやる気が出ないときに、歯のクリーニングですっきりすれば、自信がもててやる気が出てくるかもしれません。

また、営業職や人に接する機会の多い人、会社の指導的立場の人は、他人に不快感を与えないことが重要になってきます。歯がきれいでないと、人前で話をしたり笑うことに気後れしてしまうものです。

口腔内の清潔度格差が、ビジネス格差を生むといってもいいのではないでしょうか。

保険でクリーニングをしてくれる歯科医院を探す方法としては、電話でまずクリーニングのできる人（歯科衛生士）がいるか聞くこと。継続することが大切なので、半年に1回クリーニングを受けたいなどと希望を述べてみてください。このときのポイントは、「クリーニングだけ受けられますか」と尋ねることです。見つかったらぜひ試してみてください。

歯周病には無痛のレーザー治療を

歯周病が悪化してしまった場合には、歯の表面だけでなく、病原菌が感染した歯肉を除去する治療があります。骨と歯の間に埋まっている組織を取り除くわけですから、麻酔をして手術をすることになります。

一般的に行われている手術は、麻酔をしてメスを入れて病的な歯肉を切り取り、その後で縫合する方法です。一種の切除手術ですから、術後も痛みや腫れがあり、大量の痛みどめを飲むことになります。食事をとる口の中なので不快感が続き、手術は苦手という人も多いと思います。

そこで、登場したのがレーザーによる治療です。専門的にいえばＬＬＬＴ（Low Level Laser Therapy 低量レーザー治療）といって、非常に弱いレーザーを照射する治療です。

この治療の大きな特徴は、歯周病菌の除去と毒素の無毒化、炎症を起こした歯肉の除去を、同時に行うことができる点です。

しかも、健康な歯肉には影響を与えず、よほど悪化した状態でなければ、術後糸で縫ったりする必要がありません。麻酔も最小限ででき痛みどめも少なくてすむので、手術後の回復も早いのです。なかには、まったく麻酔が必要でないこともあり、歯周病治療の不快感が大幅に減らせます。

無痛レーザー治療と呼ばれているこの治療法は、アメリカのレーザー歯学会であるＡＬＤ（Academy of Laser Dentistry）で盛んに研究され、治療技術の普及が進められています。毎年、アメリカで大会が開催され、最新の治療法の情報交換や講習会、講演などが行われています。

私も参加して会員の方々から多くのことを学んでいます。そこでほとんどのドクターたちが口にしているのは「レーザーの導入は、患者さんへの感謝とサービス向上のため」という言葉です。

つまり、レーザー治療の大きなメリットは、病気に効果があるだけでなく、患者さんにとってＱＯＬ（生活の質）、快適性が高い治療であるということなのです。

ただし、日本でのレーザー治療は、一部を除き歯科の場合には保険が適用されません。自費となってしまいますから、患者さんの金銭的負担も大きくなってしまいます。

レーザーは新しい高度精密機器のため価格も高く、歯科医院にとっては大きな設備投資になります。また、ほかの一般的な治療と比べ、準備時間も含めて1回の治療時間が増えます。もちろん、歯科医師のトレーニングも必要で、一定の技術習得のために勉強する必要があります。歯科医院の経営が厳しい昨今、コストの点では、厳しい面もあります。

こういったこともあり、レーザー治療はどこの歯科医院でも受けられるわけではなく、いくら優れた技術でもすぐには普及しないのです。歯科用レーザーを導入している歯科医院は、それだけ患者さん思いといえるかもしれません。

虫歯予防の「三種の神器」は？

虫歯予防には歯科医院で３ヵ月に一度の定期的なクリーニングを行うだけでなく、自分で行う毎日のブラッシングも重要です。ケアのポイントをまとめてみましょう。

①ブラッシングは最低一日に2回以上。それ以下だと虫歯菌や歯周病菌が残り、繁殖しやすくなります。
②ブラッシングは食後15分以内に。ものを食べると口腔内プラークの酸性化が進みます。食後10～15分以内に歯磨きをすることで、虫歯の進行を食い止められます。
③夕食後に、必ずブラッシング。就寝中は唾液の分泌が減って虫歯になりやすいので、歯磨きせずに寝てしまうのは禁物です。
④歯だけでなく、歯茎も一緒に優しくマッサージするようにブラッシングすることで歯茎の血行がよくなり、歯周病も予防できます。
⑤食後にキシリトール入りのガムを噛む。ガムが苦手な人は、同様のタブレットをなめる（選び方は149ページ参照）。
⑥自分に合った歯ブラシ、デンタルグッズを使う。歯ブラシにもさまざまなものがあり、その人の歯並びなどによって、もっとも合ったものを選ぶことが大切です。また、フッ素入りデンタルペーストも各種あるので、かかりつけ歯科医や歯科衛生士に選択してもらいましょう。
⑦専用の柔らかいブラシや布などで舌も磨く。無理にこすらずに優しく表面の汚れを落とすと

効果的です。

自分ではきちんと磨いているつもりでも、磨き足りない部分、逆に強く磨き過ぎて傷ついている場所があります。隠れた虫歯などのチェックも必要です。歯の状態は人によって千差万別です。定期的に歯科医院でのチェックを受け、自分ではなかなか気づきにくいブラッシングの問題点などを教えてもらうことも必要です。

実は、ケアが不十分だと、歯科医院で虫歯と診断される前に、すでに見えない虫歯ができ始めているのです。

口の中に食べ物が入ると、すぐに細菌は活動を始め、細菌の出した酸が歯の表面のエナメル質を溶かし始めます。つまり、目に見えない虫歯をつくり始めるのです。

しかし、それを唾液中のカルシウムが補修して見えない虫歯を修復しています。ところが、唾液の修復が間に合わないくらい頻繁に食べ物を摂取してしまうと、歯の表面に大きな欠損ができてしまい、自然修復できなくなってしまうのです。

その人のコンディションにもよりますが、大切なのは3ヵ月に一度の定期健診を習慣化すること。定期健診を6ヵ月ごとに行っている人は多いかと思いますが、3ヵ月にするとより予防効果が高くなります。

その際、歯科医師や歯科衛生士にメンテナンスなどのアドバイスをしてもらうとよいでしょう。

テレビや口コミなどで、虫歯や歯周病などの情報は数多くあります。どれを選んだらいいのか迷うこともあると思いますが、予防歯科を勧めている歯科医院にもぜひ足を運んでみてください。歯ブラシと定期検診により虫歯になっていない健康な歯を守り切ることが、本当の予防なのです。

第6章　予防中心の治療で虫歯ゼロに
——子どもから中高年まで虫歯治療のコツ

虫歯が減れば医療費も減る

健康格差は虫歯格差でもあることを述べましたが、虫歯から見えてくるのは、国や地域、所得、教育などによって、歯に対する知識、デンタルリテラシーに差があるということです。

つまり、デンタルリテラシーが高いほど、虫歯が少なく、成人してからも歯周病になりにくく、失う歯も少なくなるということなのです。

口の中のばい菌が少なければ、感染症や糖尿病、心臓病などにもかかりにくくなります。健康であれば、医療費や介護費用などもかかりません。だからこそ、歯は有形無形の財産なのです。

このかけがえのない財産を社会全体で守ることができれば、健康格差は縮まり、やがては解消するのかもしれません。

国民の幸福度が高く、高福祉国として知られるスウェーデンやフィンランドは、世界でも有数の虫歯が少ない国で、高齢者の残存歯が多い国です。私はこのふたつの歯科先進国で学んできましたが、これらの国に共通しているのは、予防歯科の考えが徹底していることです。

フィンランドでは医療費をかけるわりには虫歯が減らないという経験を経て、虫歯を治療するのではなく、予防する方向に転換し大きな成果をあげました。

恥をしのんでお話ししますが、いまから20年前、私は北欧の大学に予防歯科の勉強に行った帰りの飛行機で、5歳の子どもをつれたスウェーデン人の女性と偶然隣の席になりました。機内食の後、彼女は座席で、子どもの歯を磨き始めました。時間にして1分以下でした。興味をもった私はその女性に話しかけました。

「機内の狭いシートでほんの少し歯を磨いても、子どもの口の中はきれいにならないのではないですか」

すると、彼女は私にこう答えました。

「私はこの子が生まれたときから1回も欠かさず、食事の後には歯磨きをしています。それでこの子は食事の後には必ず歯を磨く習慣ができました。だから、一生虫歯を知らずに育つことができるはずです」

虫歯予防、虫歯予防と一生懸命勉強してきた私は、このお母さんの言葉に大きなショックを受けました。歯科医師なのに、自分はこんな予防法も知らなかったのか、と。それから私は海外に勉強に行くたびに、子どもをもつ親に、虫歯予防の方法をインタビューすることにしています。

私が考える予防歯科は、「子どもの虫歯ゼロ」だけではありません。「生涯にわたる予防歯科」なのです。治療し終わっても虫歯や歯周病が再発すれば、どんなによい治療を受けても、その口の中は最初に戻っただけのことです。

虫歯は治療から予防へと重点を移すのが、これからの歯科医療の大きな流れなのです。

日本では保険診療の制約もあり、まだすべての歯科医療現場で実践できるわけではありません。しかし、近い将来、私が学んだような予防歯科が当たり前になってほしいと願っています。

治療せずに歯医者嫌いをなくす

歯医者嫌いの方でも通《かよ》ってくださるようにするのも、歯科医の役目だと私は考えます。多くの日本人は子どものころから歯科医院へは、できるだけ行きたくないと思っています。子どものころからの歯科医院でのいやな思い出が原因です。そのため、覚悟を決めて歯科を受診したときには、口の中が虫歯だらけだったり歯周病が進行していて、抜歯や手術をせざるを得ないというケースが多いのです。

歯や口の周りは非常に敏感な組織で、口の中に入った髪の毛1本を嚙んでも違和感を覚えます。そんな繊細な器官ですから、歯科治療への恐怖が強くなるのは当たり前です。それを防ぐために治療は時間をかけても丁寧に、患者さんに不快感を与えないようにする細やかな気配りが、歯科医や歯科衛生士には絶対に必要です。

そのために私は治療には細心の注意を払っています。器具を患者さんの歯に当てない、冷たい器具を使わない、臭いや音をできるだけ出さないなどです。

何時間かけてでも患者さんが満足できる治療を行います。1時間以上かけて噛み合わせの調整をしたり、また、技工室を併設しているので、人工歯を口の中に入れる直前まで、患者さんと歯科技工士と話し合いながら、細かい色の調整をすることもあります。

歯医者嫌いの患者さんの多くは、歯科医でのいやな体験がトラウマになっているのではないでしょうか。歯科医院に通うことが苦痛ではなく、むしろ楽しみになってくれれば、私たちの治療の半分は成功したといえます。

まずは、患者さんに「爽快《そうかい》になる」というプラスの気持ちになって笑顔で歯科医院を出てもらうことが、歯科医の大切な役目のひとつではないでしょうか。

妊娠期の口腔ケアと子どもの虫歯

虫歯は予防できる感染症です。私の医院では、お母さんが妊娠したときから、おなかの赤ちゃんの虫歯予防を始めます。

子どもの虫歯ができる最初の原因は、母親や親族などの唾液に含まれる口腔内細菌、ストレプトコッカス・ミュータンス菌の感染です。70％は母親から感染し、残りの30％は父親や祖父母などの家族や身近な人から感染します。大人が口移しで食べ物を与えたり、同じスプーンや箸《はし》で食事を与えたり、キスなどが感染の原因になってしまいます。

胎児や生まれたばかりの新生児の口には虫歯菌（ミュータンス菌）はいません。ところが、離乳食をスタートする生後6～8ヵ月ごろから虫歯菌は急速に増え始めます。それは虫歯菌がくっつく赤ちゃんの最初の乳歯が生え始めるときと重なります。ミュータンス菌の感染力はそれほど強くありません。しかし、周囲の大人が大量に菌を保有していたり、菌に抵抗力のない赤ちゃんにくり返し接することで感染し口の中に定着します。

母親だけではなく、父親や身近な人たちも清潔な口腔内にすることが、親から子へと続く感染をストップする効率的な方法なのです。

妊娠中の母親は虫歯があれば治すこと。同時に食後キシリトールガムを嚙むことがお勧めです。フィンランドの大学と日本の岡山大学の共同研究では、妊娠中からキシリトールガムを嚙むと、子どもの虫歯菌保有率が5分の1に減少したという報告が出ています。

虫歯菌は歯にとりついて増える菌で、糖質を栄養にしています。糖は砂糖だけでなくわれわれにとっても必須栄養素のご飯やパンなどの炭水化物の主成分ですから、甘いものを食べなくても虫歯になります。

口の中は栄養分と適度な湿り気、温度が保たれており、菌にとってはとても快適な場所です。そのため、いったん入ってきた菌は、みるみる増殖していきます。何億という虫歯菌が、臓器の中でもっとも硬い歯の表面のエナメル質を溶かして、虫歯をつくっていくのです。

虫歯菌は糖分から接着剤をつくり硬い歯の表面にくっつき、さらに菌同士が集合してがっちりと結びつき、バイオフィルムという細菌の集合体をつくります。口腔内には虫歯菌以外にもたくさんの細菌や真菌が棲みつきますが、そのベースとなっているのがバイオフィルムなのです。

バイオフィルムはぬるぬるした膜状になっていて、強力な殺菌薬や普通の歯磨きでは、除去することはできません。虫歯菌はその堅固なバイオフィルムの中で、歯に穴を開け、増殖していきます。歯にできた小さな隙間にもぐりこみ、やがてまた増殖していきますから、一度感染すると完全に除去することはできないのです。

バイオフィルムは歯周病の原因ともなります。ミュータンス菌のほかに、歯周病の原因となる嫌気性細菌など３００～７００種類の細菌などが棲んでいて、これらが歯茎に炎症を起こすのです。また、唾液とともに肺に入り誤嚥性肺炎のもとにもなります。

日ごろ歯磨きを怠っていると、歯周病菌は約3ヵ月ごとに口中で倍増します。放っておくと歯を支える骨まで溶けて歯が抜けてしまいます。「朝起きると口の中がねばねば」「歯を磨いただけで血が出る」「口臭が強い」。こんな人は、歯周病の可能性大です。

将来、歯周病にならないためにも、子どものときから虫歯をつくらないことが大切です。生涯歯が健康で体も丈夫になるよう子ども時代から予防のために親子で歯科医院に通う習慣をつけてください。

虫歯大国から虫歯ゼロの国へ

世界でもっとも虫歯の撲滅《ぼくめつ》に成功した例としてよくあげられるのが、北欧のフィンランドです。1970年代、フィンランドの国民ひとり当たりの虫歯の本数は、平均6・9本、1975年の日本では5・6本でした。当時の日本よりフィンランド人の虫歯は多かったのです。最近では、日本も子どもの虫歯がだいぶ減り、12歳の虫歯本数は平均0・9本（2015年文部科学省統計）と歯科先進国並みになりましたが、2016年度統計では、虫歯がある者の割合（処置完了者を含む）を見ると、幼稚園35・64％、小学校48・89％、中学校37・49％、高等学校

49・18％と、およそ半数の子どもが虫歯を経験しています。

フィンランドは日本に先駆けて虫歯を減らし、約10年前には子どもひとり当たりの平均は日本1・7本、フィンランド1・2本（ともに2006年）でしたが、いまフィンランドでは0・1本という地域もあるくらいです。

フィンランドは国家レベルで虫歯対策を行い、1990年代には世界でもっとも虫歯が少ない国になりました。

2009年にフィンランドの元社会福祉大臣が来日し、講演で「1960年代には、フィンランドの高齢者はほとんど歯がない状態だったが、1990年代以降は歯の健康レベルが世界でもっとも高い国になった。予防のほうが医療費が安く経済的という観点からもよいし、また国民にとっても歯を削らないですむ」と話しています。

実は、60年前のフィンランドは虫歯を早期発見し、早期に治療をすることを勧めていました。ところがそれから20年たっても、子どもたちの虫歯は減りませんでした。むしろ、増えていく一方だったのです。そこで1972年に方針を変え、国民健康法を制定して、虫歯を積極的に予防する予防歯科医療に舵《かじ》を切ったのです。

当時、子どもの虫歯治療のための医療費が大きな負担になっていたこともその背景にあります。治療する場合の医療費と予防するための費用を比較すると、予防のほうが医療費がかからない、という試算が出たのです。つまり、予防歯科は医療費を節約するために導入されたのです。

ちなみに、フィンランドと同様に虫歯の少ないスウェーデンでは、30年以上前から虫歯予防のため歯科衛生士が小学校に派遣され、虫歯予防の教育とフッ素を塗る処置を行っています。

日本の歯科界では、ようやく予防歯科の大切さがいわれ始めていますが、まだまだ早期発見・早期治療が推進され、治療歯科が中心です。

現在、フィンランドには、9割の子どもに虫歯がないという地域（ムーラメ市など）が出ています。10人のうちひとりにわずか1本しか虫歯がないわけです。虫歯自体を知らない子どもたちがたくさんいるのです。

ただその一方、虫歯ができないので歯を磨かない子どもが増えてきています。そのため、成人がかかる歯周病に、子どものうちにかかってしまうという皮肉な現象も起こってきています。

子どもの虫歯は削らず、治療せず

私は基本的に子どもの場合、虫歯治療といわれるものは行いません。治療が中心の歯科医院が当たり前の日本では不思議に思われるかもしれませんが、子どもの虫歯治療はフィンランドやスウェーデンの虫歯治療と同じ、予防歯科が基本だからです。

日本では歯医者さんに行くのが大好きという子どもはいないと思います。できたら行きたくないと思っているのが普通です。その大きな原因は、治療が怖いから、いやだからです。過去に無理やり治療されたことが、いやな体験として残り、心にトラウマをつくってしまうのです。

昔、歯医者さんでよく見られた光景は、治療台の上で母親や衛生士に押さえつけられ動けなくされ、泣きながら口を無理やり開け治療を受けるというものです。いきなり見慣れない診察室に入り、馴染みのない歯医者さんに注射されたり、歯を削られたり抜かれたりしたら、心は恐怖心でいっぱいになります。

心を鬼にして、泣き叫ぶ子どもを治療するのは、歯科医にとってもけっして気持ちのいいものではありません。もちろん、つき添ってきた親のほうも子どものためと思いながらも、ハラハラドキドキして治療が終わるのをひたすら待っているのではないでしょうか。

こういったいやなイメージがあって歯医者に行かない人は、子どもだけでなく大人にも多いと思います。

私のところでは、押さえつけることもなければ、泣く子どももいません。子どもがいやがる削って詰める治療は、乳歯の段階ではほとんど行わないからです。乳児のころからご両親と通っている子どもは虫歯がありませんが、虫歯のために初めて受診する子どももいます。

そういう患者さんでも、最初は基本的に治療はしません。

「今日はいいのですよ。お口の中だけ見せて」といって、口の中の状態を診るだけです。

「ここにちょっと虫歯があるけれど、大丈夫かな。このガムをあげるからこれを噛んでいて」といって、キシリトール入りのガムを渡し、1ヵ月以内に2回目の通院をしてもらいます。再診のときには、フッ素を塗る処置をします。

「今日はこの前よりお口が大きく開くね、もうちょっとよく見せてね。1ヵ所だけちょっとだけフッ素を塗ってみようか」といった調子で、無理せずにゆっくりと当院の雰囲気に慣れてもらいながら、診療を進めていきます。そのとき、けっしてうそはつきません。痛くしないといったら絶対に痛いことは行いません。

まず、心のブロックを取り除いて信頼関係をつくるというのが先決なのです。患者さんの性格によって、いやがらない範囲で治療やクリーニングを続けていきます。するといやがらずに、また来てくれます。とにかく医院をいやがって子どもが来なくなってしまったら、どんなにいい治療をしようとしていても、何の意味もないのです。

そして乳歯が抜け、大人の歯を虫歯ゼロにして、成人になってからも20年、30年とおつき合いしていく。それが本当の意味でのかかりつけ歯科医なのです。

当院に来る子どもの患者さんは、なかなか帰りたがりません。ここは一種のキッザニア（子ども向けの職業体験型テーマパーク）なのです。大人用の詰め物などをつくる技工室があるのですが、子どもたちも入れるようになっており、そこに入って真剣に模型づくりを見学したり体験したりしています（もちろん、衛生管理を含め私やスタッフが細心の注意を払っています）。

また、お母さんの治療も見せたり、ときには手伝ってもらっています。子どもが「治療を手伝いたい」というくらい興味をもってくれ、ここで遊ぶことが大好きになってくれます。だから、帰りたがる子はほとんどいません。

永久歯を虫歯から守る

治療よりも、まずは当院に来てもらい、信頼関係をつくること。そして、永久歯を虫歯にしない予防を行うことを優先させます。

腫れてしまって痛くて物が食べられない場合など、どうしても治療が必要なこともありますが、そのときにはやむをえず膿を抜いたり、痛む歯を取ったりする治療はしますが、痛い治療は「この治療は痛い治療だよ」と伝えます。そして基本的には最小限の時間と処置ですませる努力をします。信頼関係ができた子どもは笑顔で麻酔や抜歯さえさせてくれます。

もし、乳歯が虫歯になっても痛みがなければ削ったりする治療は行いません。乳歯はいずれ抜けるものですから、その後に生えてくる永久歯を虫歯にしないということをまず第一に考えて、乳歯とつき合っていかなければいけないのです。痛い思いやいやな思いをして乳歯を全部治しても、永久歯が虫歯になることもあります。そうなったら、何のために子どもたちがいやがる治療をしたのかわかりません。本末転倒だと思いませんか。

この方法はもちろんご両親の理解と協力が欠かせません。子どもがいやがって来なくなってしまったら、予防もできませんから、もっと状態が悪くなるわけです。ですから、乳歯の虫歯は痛くなったりしなければ、虫歯の進行をフッ素の塗布やキシリトール、歯ブラシ指導で止めておき、同時に永久歯の虫歯予防を優先させます。乳歯の虫歯治療をしても、永久歯が生えてきたときに感染が継続すると、永久歯が虫歯になってしまい、いずれは何度も虫歯が再発することになるからです。

もちろん、乳歯が虫歯ではないのに越したことはありませんが、それ以上に大切なのは、最初に生えてきたこれから何十年も使う永久歯を、虫歯から守ることなのです。

スウェーデンやフィンランドの場合も、治療は子どもがある程度大きくなって、虫歯に対する理解力がついてからでも遅くないという考えです。その子の虫歯をよくチェックし、原因菌の状態、進行しやすいかどうか、治療したほうがいいか、定期的なチェックを行うほうがいいのかを判断します。虫歯があったからといって、すぐに削ることはしません。これをカリオロジー（う蝕学）といいますが、北欧ではこれに基づいて虫歯対策を行っているのです。

ただ、例外的に多くの虫歯をもつ子どもには、私の学んだ病院では治療をしていました。その場合には、治療への恐怖心を植えつけないために、子どもに全身麻酔をして、一度にすべての虫歯を治療してしまう方法をとっていました。

こういった虫歯予防を行っていれば、成人になるまでにやるべき治療は、矯正と親知らずの処置だけです。もし、親知らずがほかの歯に悪影響を与える場合には、早期に抜く場合もあります。このふたつの治療を20歳ぐらいまでに終わらせると、大人になってから世界中どこに出ても自慢できる、健康できれいな口元になるのです。

私が歯を治さないという理由は、こういうことなのです。

口腔ケアは赤ちゃんのときから

スウェーデンの場合、現在育児中の20代から40代の大人にも、ほとんど虫歯がありません。両親は妊娠の段階から保健所や歯科医院で、子どもの虫歯予防、フッ素の正しい使い方、虫歯にならない食事法を、歯科衛生士から学びます。ですから、両親の口から子どもに虫歯菌が感染しません。子どもに虫歯ができないのが普通なのです。

私のところでも同じ方法をとっており、ゼロ歳から通院されている患者さん全員が虫歯ゼロです。一生虫歯ゼロ、そういう方をたくさん増やしていきたいのです。これは前述したように、まだ歯が生えない赤ちゃんのときから通院してもらい、予防を行っているからです。

つぎは、お母さんに子どもの口の中のケアの仕方をお伝えします。

ケアは出産直後に赤ちゃんに授乳するときから始まります。赤ちゃんがミルクを飲んだら口の中に指を入れて歯茎を触るのです。

口の周りとか口の中を触ると、赤ちゃんは吸啜《きゅうてつ》反応があるため、指を吸います。これを行っていると、ものを食べたら口の中を触られるという連鎖ができます。6ヵ月から8ヵ月の歯が生える時期に、口の中に指を入れれば、ストレスなく生えてきた歯に触れることになります。ここで歯に触れるということが大切で、これは子どもと大人両方への歯のクリーニングの抵抗感をなくすことになるのです。

日本の小児歯科では、口の清掃は子どもの歯が生える8ヵ月ごろからと教えていますが、8ヵ月から1歳は、「いやいや」を覚える時期、反抗のスタートです。そのタイミングでいきなり口の中にガーゼを入れて清掃をしようとしても、子どもがいやがってうまくいくはずがありません。

しかし、新生児期からミルクを飲んだら口に指を入れることが習慣化していれば、子どもはそれほどいやがりません。子どもが拒否しないため両親にとってもストレスとはなりません。指に慣れたら歯ブラシでもかまいません。この方法はスウェーデンでは一般的に行われています。

こうやって子どもが自然に歯ブラシに慣れ、口の中にブラシを入れることに抵抗がなくなります。すると、食後の歯磨きも自然にできるようになっていくのです。

子どもで一番虫歯になりやすいのは、6歳前後で生える奥歯、第一大臼歯《だいきゅうし》です。6歳臼歯といわれています。乳歯が虫歯だと最初に生えてきた永久歯にも虫歯菌が感染してしまいます。それをブロックするためにすべての虫歯予防があると、私は考えています。ですから、乳歯の生える前、赤ちゃんのうちから、予防のために通院してもらうのです。

虫歯にフッ素を塗布する効果

スウェーデンではフッ素を歯に塗布することで、虫歯予防に役立てています。フッ素は歯の表面に鎧《よろい》をまとうようにつき、歯を丈夫にしてくれる効果があります。

歯の表面にはアパタイトという硬い成分があり、歯を守っています。歯のアパタイトは表面をきっちり埋めているのではなく、瓦《かわら》のようにちょっと隙間がある状態です。フッ素はこのアパタイトと同類のもので、その隙間を埋めてくれ、歯の表面を硬くしてくれます。ですから、虫歯菌があっても簡単に表面は溶けません。一番大事なのは永久歯が生えた瞬間です。永久歯は無菌状態の皮膚の中から、菌がたくさんある口の中に出てくるからです。

このときから虫歯菌の侵食が始まります。それを防ぐために、口腔内に出てきた瞬間にフッ素を塗って、永久歯を防護します。ですから、ほとんどの歯が生え替わる6歳から12歳までの6年間は、とにかく出てきた永久歯を守るために、頻繁に通院してもらい、フッ素を塗布するのです。家庭でもフッ素入りの歯磨きペーストを使ってもらいます。フッ素はもともと歯や骨をつくる、体にとっての必須栄養素ですし、世界一厳しい基準の日本でのフッ素使用は危険なことではありません。毎日の歯ブラシのときにフッ素を入れておき、歯が生えてきたときを逃さずコーティングすることがとても大事なのです。

フィンランドでは、歯磨きやフッ素のほかに、食後のキシリトール摂取が推奨されています。それがフィンランドの虫歯を激減させた原因のひとつです。

キシリトールは白樺から採れる自然甘味成分です。30年ほど前に、キシリトールはミュータンス菌が酸をつくるのを防ぎ、歯垢をつくらない作用があることが発見されました。キシリトールを摂取していれば、虫歯菌が繁殖できず、歯にくっつき穴を開けることもできないのです。FDA（アメリカ食品医薬品局）もキシリトールの安全性と効果を認めており、世界的に使用され、キシリトール入りのガムやタブレットも市販されています。

ただし、キシリトールの含有量が少ないと、効果も十分ではありません。フィンランドではフッ素の使用とキシリトールの摂取を国が積極的に進めてきました。とくに、キシリトールについては、100％キシリトールガムを1日3回、5分間毎食後嚙むことを推奨しています。それが虫歯を激減させたひとつの理由です。

この食後にキシリトール入りのガムを嚙むという方法は、歯磨きに比べるとずっと楽ですし、楽しい習慣です。それが国全体に広がった大きな理由といえます。簡単で効果的な方法でないと、人は新しい習慣をなかなか受け入れてくれないのです。

このように北欧の虫歯対策は30年以上の実績をつくってきました。日本もそこから学ばない手はありません。30～40年前のフィンランドが虫歯の早期発見・早期治療から、予防に重点を置く方法にシフトしたように、日本も予防、定期検診に重点を置くことが重要です。虫歯ができなければ子どもは、苦痛な治療から解放されます。医療費の点からも、将来的にははるかに安くなるのです。

最近では、この北欧の方法を取り入れる歯科医院も増えてきました。「フィンランド方式」といった名前で紹介されています。

子どもたちにとって、私のクリニックを遊び空間や親しめる場所としたのは、こういった北欧から学んだことを、日本の事情に合うように自分なりに工夫した結果です。

削って詰める治療はできるだけ行わず、定期的にフッ素を塗布し、キシリトールガムを噛んでもらい、子どもたちに「歯医者さんは、ちっとも痛くないし、楽しいところ」という認識をもってもらう。さらに虫歯予防のキシリトールガムを噛むことで、家族で定期健診に行こうという心の回路をつくることを、もっとも大切にしています。

キシリトールを使えば虫歯を予防できる→治療をしない歯医者さんに行くと楽しい→だから歯医者さんに行こうという連鎖ができる。これが大切なのです。昔は、罰を受けに行くような気持ちで歯医者さんに行ったわけですが、このいやな気持ちが、歯科医院から足を遠ざけてきた理由なのです。

虫歯があっても無理に治療せずに、クリーニングだけをしてくれる場所なら、通院がいやなどころか、楽しいと感じてくれる人が子どもだけでなく大人でも増えるはずです。日本の歯科医療には、こういった方法の普及も必要ではないでしょうか。

「3ヵ月ごとに通院して、虫歯が大きくなるか小さくなるか見ていきましょう」といって、痛くなったらいつでも来てくださいという姿勢をとれば、患者さんはもっと気軽に来てくれます。痛くなったり、本人が治す気持ちになったら初めて治療すればいいのです。

クリーニングだけ行うなら、歯科衛生士でも可能です。スウェーデンには歯科衛生士だけで歯のクリーニングができる歯科クリニックもあるくらいです。残念ながら、日本では医療システム上できません。

ちなみに、クリーニングもその人が快適と感じるところまで行い、汚れを完璧に取るために、痛みや不快感を与えるようなことはしません。日本人はとても真面目なので、歯科衛生士も歯科医も患者さんのためとばかり、自分の気がすむまでクリーニングをやってしまいがちですが、患者さんによってはそれがストレスになることもあります。少し強くやると、痛み、しみる、不快感などを感じる方もいます。それが心のブロックにつながることもあるのです。

こういった心理面を患者さんとコミュニケーションをとりながら、歯科治療やクリーニングを行うことが大切なのです。

日本でも、このような予防歯科が早くから普及していれば、いまの大人も虫歯ゼロだったかもしれません。

中高年は根面虫歯に要注意

中高年になると歯周病が多くなりますが、油断していると虫歯もできてしまいます。加齢にともないとくに注意したいのが、歯茎が下がることと唾液の減少により歯の根元にできる虫歯、根《こん》面《めん》虫歯です（図表5、上の写真）。根面虫歯は中高年に多く、歯茎に隠れている柔らかい歯の根元が虫歯になるために、セルフチェックが難しいのです。

歯科医院で定期的にチェックすることが必要になります。

予防には歯だけでなく歯肉と歯の境目を、歯ブラシで磨くことが大切なのです。

図表5　中高年に多い見つけにくい虫歯

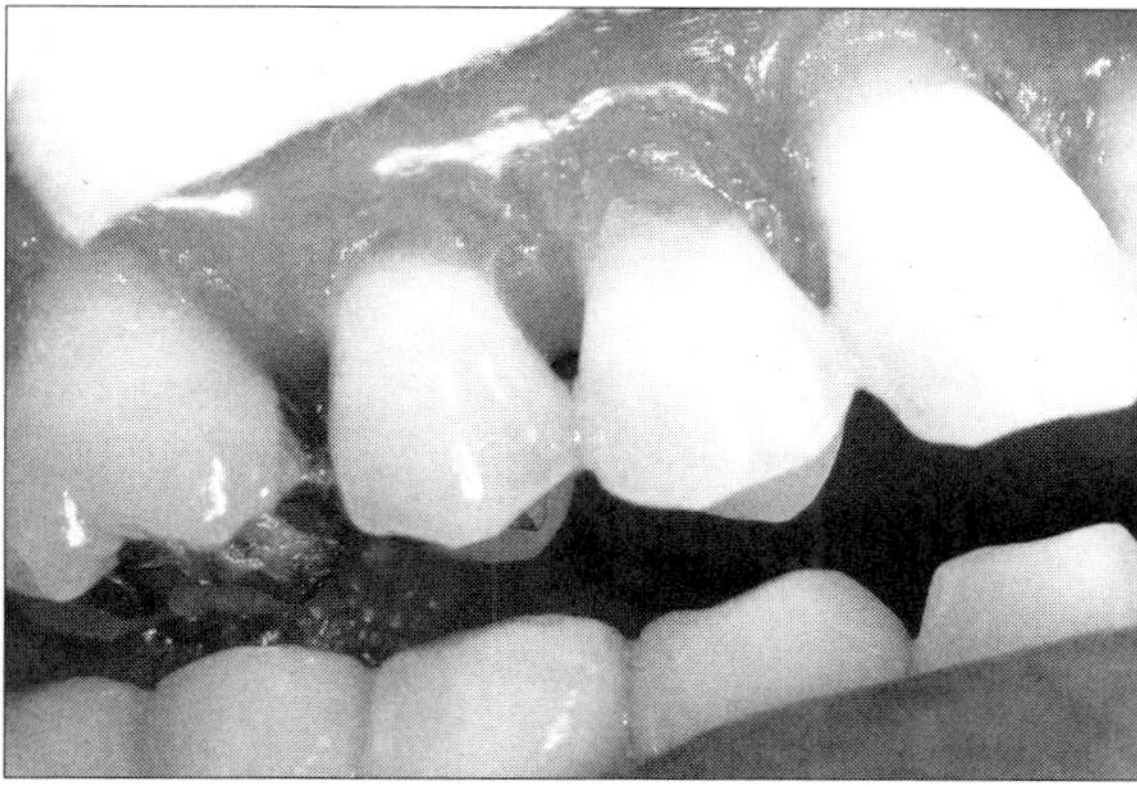

歯茎が下がり、根面虫歯になってしまった奥歯。固い歯の根元の柔らかい部分が露出しているため、歯磨きでそこがすり減ってしまっている。早期に歯科医院での治療が必要な状態。

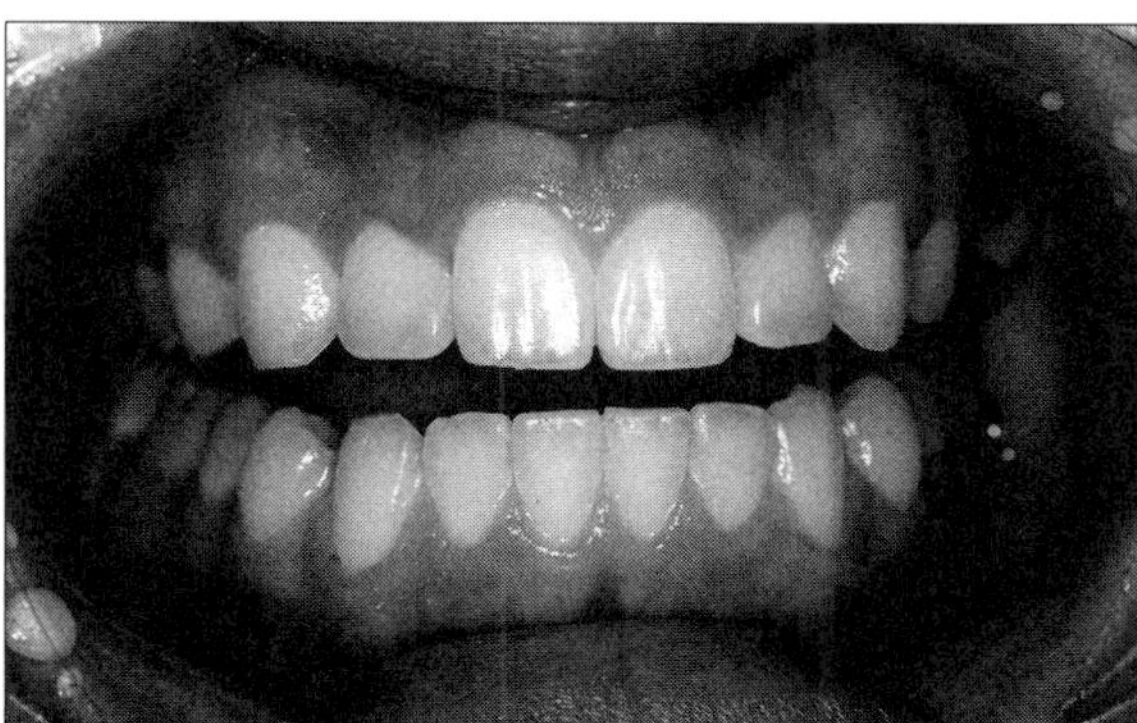

健康になった歯。根面虫歯は歯肉と歯の境目を磨く自分で行うケアと、定期的なチェックを行う専門的なケアが必要。

中高年の虫歯が危険なのは、もうひとつ理由があります。それはこの世代に多い脳出血のリスクを高めるからです。脳出血は生活習慣病でもあり、高血圧が主な原因です。脳の血管が脆《もろ》くなり、何かのきっかけで血管が破れることで発症します。血管が破れた場所や範囲にもよりますが、死亡することもありますし、大きな後遺症が残ることもあります。

さらに、最近になり、虫歯菌であるミュータンス菌を減らせば、脳出血の予防になるという研究報告が出されました。

これはイギリスの科学誌『サイエンティフィック・リポーツ』に発表された日本の国立循環器病研究センターなどの研究で、脳卒中患者99人を対象に行われたものです。その結果、脳出血を起こした患者には、血が止まりにくくなる遺伝子を持ったミュータンス菌の割合が大きかったことがわかったのです。このミュータンス菌が出血をしやすくすると考えられ、ミュータンス菌を減らすことが、出血予防につながる可能性があるということなのです。

感染性心内膜炎という心臓の病気も、虫歯菌など口内細菌の感染が関係しているといわれています。この病気は若い人が突然発症することがあり、虫歯などの治療で抜歯をした後に発症することもあります。治療が引き金になって病気になることもあるのです。

最悪の場合には死に至ることもあるこれらの病気に、どうやらミュータンス菌は深く関係しているようです。虫歯を侮《あなど》るとたいへんなことになりかねません。

だからこそ、虫歯は治療より予防なのです。従来の削って詰める治療ではミュータンス菌はなくせません。予防でミュータンス菌を減らせば一部の脳出血や心臓病が予防できると考えられます。

根面虫歯をきちんと予防しましょう。中高年に対しては、歯周病予防が重視されていますが、虫歯予防もまた重要です。

第7章　噛む力の回復法

——インプラントの力を活用する

第三の歯、インプラントの噛む力

歯を失ってしまっても、いまは生活の質を下げない方法にインプラント治療があります。歯科では、失った歯の代わりに入れるチタン製の人工歯根を、インプラントと呼んでいます。現在行われているチタン製のインプラント治療は、スウェーデンで1960年代に始まったものです。スウェーデンは現在のインプラント治療発祥の地であり、インプラント先進国でもあるのです。日本でインプラントが普及し始めたのは1990年代。最近ようやく一般的になりつつありますが、まだまだ入れ歯のほうが普及しているでしょう。インプラントは高価で危険で気軽にできないと考える人が多いのです。

2005年、インプラント治療を補助する骨の再生医療を学ぶために、私はスウェーデンの国立総合病院のひとつNÄLメディカルセンターに留学しました。そのとき、スウェーデンの歯科医からこんな「愚痴《ぐち》」を聞きました。

「スウェーデンの歯科学生は、入れ歯の実習ができなくて困っています。なぜなら、入れ歯が必要な人が少なくて実地練習ができないからです」

この点では、入れ歯を使っている人が多い日本が有利かもしれません。しかし日本の歯科医師は入れ歯を多用しすぎてきたように思います。確かに、技術も材料も著しい進歩を遂げ、多くの人がよい入れ歯のおかげで健康な生活を取り戻してきました。

噛む能力が高い優れた入れ歯もたくさんあります。入れ歯でなければダメな人もいます。メリットはたくさんありますが、やはり入れ歯という異物を口の中に入れ、毎日出し入れして洗わなければならないこと、くっつくものや硬いもの、ゴマのように小さなものが食べられなくなること、食べ物の味や食感もよくわからなくなる、といった不便さがあります。

よく入れ歯の入った高齢者の食事にはスプーン一杯の砂糖を余分に入れるなどといわれますが、口の中の粘膜に直接食べ物が当たらないと、味が鈍く感じられるのです。

噛む能力を比較した場合、インプラントは天然の歯とほぼ同じですが、総入れ歯の咀嚼効率はその半分以下というのが、歯科医学では常識となっています。もし、入れ歯が口の中に合っていないと、比率はさらに下がります。

また、部分入れ歯の場合は、せっかく残った健康な歯に金具《かなぐ》をひっかけるので歯に負担がかかります。ひっかけられた健康な歯はぐらぐらしてきて、いずれ抜けてしまいます。残った歯が少なければ、そこにかかる負担が大きくなり、残った歯の寿命を縮めてしまうのです。

失った歯を補助するために何本かの歯を使って橋を架《か》けるブリッジの場合には、土台となる歯を削る必要もありますから、残っている歯に負担がかかり、その歯の寿命を縮めることになります。また歯の再生療法は、歯をつくるのに数年、費用もインプラントの10倍にもなるので、普及は難しいでしょう。

こういったことを総合的に比較すると、失った歯を取り戻すには、現時点で私はインプラントが最良の方法だと思っています。よく嚙めると味もよくわかるので、味つけも薄くなります。塩分、糖分のとり過ぎも防ぐことになるはずです。

１００歳過ぎてもインプラント

スウェーデンの10年間の追跡調査では、インプラントはブリッジや入れ歯よりも長持ちし、10年後でも95％以上のインプラントが機能していることがわかりました。

私がスウェーデンで生活していたときは、65歳以上はインプラントが無料になるため、歯を失った人は65歳になるのを楽しみに待って、積極的にインプラントを入れていました。

日本ではあまり高齢だとインプラントを勧めないところもありますが、留学したNÄLメディカルセンターでは、１０２歳の高齢女性にインプラントを８本入れて、その日のうちに入れ歯なして食べられるようにしたという記録があります。

当医院の初代院長である私の父の時代は、日本ではまだインプラントを手掛ける歯科医はほとんどいませんでした。患者さんはもともと歯が悪くて治療に来ているわけですから、1本1本自費で丁寧に治療して、ブリッジにするのですが、そこまでしても治療を施した歯が機能するのはだいたい20年から25年でした。保険診療だと3年から4年の耐用年数しかないものもありました。

ブリッジは土台となる歯を削って、多くの場合、感染を起こした神経は取ってしまいます。その歯はいずれひびが入ったりしてダメになり、ブリッジを支えられる歯がごくわずかになったりします。ですから、当時は50代で治すと、70代、80代初めくらいまでは噛みつづけることができました。平均寿命が1980年は男性73歳、女性79歳、1990年はそれぞれ76歳、82歳の時代でしたから、それでも大きな問題ではなかったのです。

ところが、平均寿命が延びて、現在は男性81歳、女性87歳と父の時代より10歳近く長生きするようになりました。80歳、90歳になっても元気で、おいしいものが食べたいという人が増えています。すると50代で治療した歯も限界が来てしまいます。人工の歯にも耐久性や咀嚼力が求められる時代になったのです。

インプラントはこういった時代の要求にもっともかなっています。スウェーデンで開発されてから40年以上たち、いまや入れ歯以上に材質や技術が進んでいます。

インプラントは純チタン製の筒状のスクリューです。このスクリューを顎の骨に入れると、スクリューと骨がしっかりと結合します（これをオステオ・インテグレートといいます）。この上に人工の歯を入れると、本物の歯と同じようにしっかりと噛めるようになります。

新しい歯が増えたわけですから、残っている自分の歯も、より負担が減り、長持ちするようになるのです。

私の医院で主に使っている最新のインプラントは直径3〜4ミリメートル、長さ8〜10ミリメートルとたいへんコンパクトになっています。それに対して人の天然歯は直径6〜8ミリメートル、長さ10〜14ミリメートルですから、インプラントの埋め込みは患者さんへの負担も小さく、安全に行えるのです。

私の治療では、患者さんの骨の状態にもよりますが、手術自体は1本数分で終了することもあります。なるべく患者さんに負担をかけない治療法を、父の代より30年以上かけて研究・開発してきたのです。そして人工歯の装着後に噛み合わせのバランスをとって、その人に合った正しい噛み合わせをつくり、その後は定期的にメンテナンスとクリーニングを行うことで、インプラントが長持ちします。

きちんと機能している当院のインプラントは、装着後も定期的にメンテナンスを続ければ、30年、40年と使い続けることができます。

私の患者さんに、インプラントを4本入れてから25年という90歳の方がいますが、いまでも問題なくそれを使いこなし、若い人と同じように食事を楽しんでいます。

その患者さんは最初、口の中に器具が入っただけで吐きそうになってしまうという「嘔吐《おうと》反射」が酷《ひど》い方で、入れ歯にも大きな違和感をもっていました。

そこで、私は少しずつ歯科医院への嫌悪感を取り除くようにしていきました。当初は治療に乗り気ではなかったのですが、最終的には合計4本のインプラントを奥歯に入れることができました。

いまでは、3ヵ月に1回のクリーニングとチェックに欠かさず通ってきます。ダンスや旅行を楽しみ、「食べ物がおいしく食べられて本当にうれしい」と、笑顔で話していました。

当院のインプラントは何らかのトラブルが起きたときに、手術で取りはずすことができます。昔のインプラントは取りはずすために、口腔外科や耳鼻咽喉科で大掛かりな手術が必要でした。

その当時の知識から、インプラントをしり込みする人がいますが、最新の正しいインプラント治療なら、その心配はほとんどありません。

ただし、確実なインプラント治療を行うには、十分な骨や徹底した口の中の検査が必要です。患者さんの歯の状態、その後の清掃状態、歯科医の技術力、インプラントの材質などによって、耐用年数に差が出てきます。当たり前ですが、きちんと消毒された器具を使い、清潔で設備の整った手術室で行うべきなのです。

また、トラブルを起こしたインプラントをきちんと取りはずせる器具、それを行う腕をもった歯科医が必要となります。こういった条件をもった歯科医を選ぶことが大切です。

インプラントによるトラブルのニュースが出るたびに、私には１９９０年に起きたノルウェーの「ホーギソン問題」が頭をよぎります。

これは、ノルウェーのある歯科医が起こしたインプラント事故です。彼は安価にインプラント治療を行うため、きちんとしたインプラントメーカーの材料を使わず、コスト削減のために、工具店で買ってきた材料を使い、自分でインプラントを手づくりし、それを患者さんに使ったのです。数年後、多くの患者さんの顎の骨が溶け、粗末なインプラントが抜け落ちました。

この事件は北欧でも大騒ぎになり、一時はインプラントが危険であるかのような誤解を与えました。しかし、その後、正しいインプラント治療は安全で、長持ちすることが多くのドクターや研究者の努力で証明されたのです。

この歯科医の行為はとても医療者とはいえません。

不適切なインプラント治療のせいで、患者さんにとって大きなメリットがあるインプラント治療が誤解を受けないようにしてほしいと、私は強く願っています。

先手治療のスリープインプラント

私が診療で心掛けている治療に、「先手治療」があります。この言葉は、私の尊敬する患者さんのひとり、経済評論家の日下公人《くさかきみんど》先生が名づけ親です。これからの高齢社会には必要な治療法だとも私は考えています。

たとえば、50歳で歯を完全に治したとしても、10～20年後には１００％もつとは保証できない歯が何本か出てくることもあります。２本の歯で３本分の歯を支えなければならないブリッジの場合は、負担がかかる歯がダメになってしまい、噛めなくなってしまいます。

そのように将来、歯を失ったときのために、あらかじめ入れておくスリープインプラントという方法があります。そのときに備えて眠らせておくという意味で「スリープ」というのですが、たとえば、ブリッジの後に1本のインプラントを入れておく。歯を失うと顎の骨もなくなってしまいますが、顎の骨があるうちにインプラントを入れておくと、そこの顎の骨を失わずにすみます。何年後かに、ほかの歯を失ってしまっても、スリープしていたインプラントを支えにして、トラブルが起きてもすぐに新しく歯がつくれるわけです。

将来、かなりの確率でトラブルを引き起こす歯があれば、そのリスクを見越して、その歯の周辺にあらかじめスリープインプラントを埋めておきます。

実際、10～20年前にスリープインプラントを入れておいた患者さん数人が、この方法ですぐに嚙めるようになりました。

これが先手を打っていく治療です。この治療は、歯科医と患者さんの長年の信頼関係がないとできません。その意味でも、生涯にわたるかかりつけ医の存在が大切といえるのです。

また、70歳を超えた元気な患者さんでも、いずれ糖尿病や心臓病などの持病も顔を出し始め、だんだんと大きな歯科治療はできにくくなります。治療費の負担や家族の反対にあうこともあります。先手治療はこういった患者さんにもメリットがあります。元気なうちにすでに手術はすんでいるので、将来、体への負担が少なくてすむのです。

予防歯科は、将来起こるトラブルに対しても、先手治療をしておくことでもあるのです。

実は、口の中というのは、病気や怪我にとても強い組織です。歯の表面のエナメル質は、強度でいうと鉄以上に硬い。また、口の中の歯肉や粘膜は硬い食べ物で傷がついても、みるみる治っていきます。

たとえば、親知らずを抜いたときには、直径１センチメートルの骨が見えるほどの大きな穴が開きますが、数日で出血は止まり、２週間も経てばそこは粘膜ですっかり覆われます。

なぜそんなに回復力があるかというと、動物にとって口から食物を食べられないことは死を意味するからなのです。食べずに生き続けることはできません。その口の中の丈夫な器官を回復不能なほどぼろぼろにするというのは、病気でいえば末期症状です。治療しても回復が難しくなる前に手を打つことは、治療に勝《まさ》ります。

かかりつけ歯科医として、長年、患者さんを診ていくと、悪くなりそうな歯が察知できるようになります。多くの歯科医もそれを経験として感じていると思うのですが、レントゲン写真を継続的に見ると、骨が減っていく部分、減らないでもつ部分が推測できます。突然、１枚だけとってもわかりません。継続してチェックしていくことが大切なのです。

問診と実際に噛めるかどうかのチェックをしていけば、歯があとどのくらいもつのかも見極めることができます。ですから、早めに患者さんに話をしておいて、共に協力してつぎの手を打っておくのです。

父の代から30年、40年と継続して診ている患者さんの中には、ブリッジや入れ歯の方もいらっしゃいます。そういった方に見通しをきちんと説明して、ブリッジや入れ歯からインプラントに替えていくこともあります。

奥歯こそアンチエイジングのカギ

高齢者には奥歯にトラブルをかかえている方が多いのですが、インプラントに替えて噛み合わせを許容範囲で高くすると、顔が変わり、みなさん若返ります。

「このごろ、顔つきが変わったとよくいわれるようになりました」

入れ歯からインプラントに替えた患者さんが、こう話していました。それもひとりやふたりではありません。ほとんどの方は、周囲から若返ったといわれるそうです。

奥歯の治療で噛み合わせを治した患者さんは、表情や行動が変化していきます。治療により、奥歯でしっかり噛めるようになると、顔つき、肌の張り、目の輝きに変化が現れます。

奥歯が顔の骨格を支える大きな働きをしているからです。顔の長さは口を閉じ、奥歯を軽く噛んだときに決まります。もし、奥歯がなかったら、顔は奥歯の上下分だけ短くなります。

それに加え、歯を支えている歯槽骨も失うことになります。歯は顎の骨の上にある歯槽骨から生えてきます。歯槽骨は歯を支える役目の特殊な骨で、歯周病はこの歯槽骨を溶かしてしまう病気で、そのために歯が抜けるわけです。

歯を失うと周囲の歯槽骨もなくなってしまいます。一度失った骨は移植や再生治療をしても、なかなか元には戻りません。

歯槽骨の高さは約15ミリメートル、上下で30ミリメートルです。歯槽骨を失うと顔の長さがさらに30ミリメートルも縮んでしまうことになります。

すると、口元、顎の左右の皮膚にたるみが出ます。両方の頬も縮むので、目じりも下がります。口の周囲にしわがより、唾が口角のしわに溜まるようになります。奥歯の喪失は顔の皮膚のしわやたるみの原因にもなるのです。ですから、いくら化粧品でたるみやしわをとろうとしても、根本的な部分が治らないと、改善には結びつきません。

目元や口元に張りをもたせるには、皮膚だけにアプローチしても難しいのです。骨格を戻し、その上の筋肉をつけると、さらにその上にある皮膚のたるみやしわが改善されることになります。

顎を開け閉めする筋肉は、こめかみと下顎、舌、喉につながっています。食事をするときには、それらの筋肉を200〜300回動かします。動かすことで筋肉が発達し、目元や口元に張りが出て、表情も引き締まってきます。

よく噛めなくなると、顔の筋肉がたるみ、顔が全体的に貧弱になり、どことなくしまりがなくなってきます。片方の歯を失い片側でしか噛まない人は、骨の形も変化し、顔の輪郭が歪んできます。ですから、高齢になり歯を失った人や、噛み合わせが悪い人は、顔の筋肉や骨格までも変化し、老人顔になってくるのです。

歯が健康で、全部の歯がそろっている人が若々しく見えるのは、顔の骨格と筋肉がバランスよく整っているからにほかなりません。

歯を失うことは外見の若さを失うことにもなります。アクティブシニアが若く見えるのは、奥歯でしっかり噛めているからです。

骨再生でインプラントが可能

臓器の再生医療が最先端医療として話題になっていますが、顎の骨の再生は比較的前から行われていました。日本でも医療機関によっては骨再生が可能です。

私はスウェーデンの顎顔面外科で1年間研修し、骨再生の現場で学んできました。骨の再生後にインプラント手術を行えば、歯周病や事故で骨を失った人でもきちんと噛めるようになります。私の印象では、再生骨は自分の骨に比べてもそれほど大きく変わりません。ただ、精密な手術なので、一部の歯科医院や大学病院など限られた施設でしかできません。その上、保険適用がないので医療費がかかります。

10年前のスウェーデンは骨再生の研究や臨床が盛んに行われていました。私が学んでいたNÄLメディカルセンターでは、事故や歯周病で骨を失った患者さんの骨の再生治療を、日常的に行っていました。研究機関やインプラントメーカー同士が成果を競っており、インプラント治療の期間を短縮する研究も行われていました。

骨は約1ヵ月に1ミリメートルずつ再生することがわかっています。インプラント用の骨の再生には、約6ヵ月が必要です。

先に紹介した102歳の高齢女性のインプラントも、骨の再生をした後に行われました。

私も、骨再生をしてインプラント手術を行うことがあります。奥歯を失ってから長い時間が経ち、インプラントを入れるのに十分な骨がない方。または骨が薄すぎて十分な幅がない方には、骨再生が必要になります。

治療法は歯肉を開いて、人工の骨をその部分に足し、その上からゴアテックスなどのカバーをかけてさらに引きのばした歯肉で蓋《ふた》をします。人工の骨は口の中のばい菌によって感染を起こしやすいので、丁寧に縫い、清潔にしておく必要があるのです。

私はインプラント治療に失敗した他院の患者さんの骨再生を行い、再びインプラント治療をすることもあります。そのうちの一症例を紹介します。

苦労され立派な会社を立ち上げ、地元では名士として活躍されているDさんが、私のところに助けを求めて来院されました。そのときのDさんの口の中はたいへんな状態でした。前医のインプラントの失敗で、骨の中まで膿が回り、あまりの激痛に会議にも出られず、何ヵ月も豆腐しか食べられないということでした。

Ｄさんの受診初日、私はすぐに傷口を切開し、大量の膿を外に出すとともに、ばい菌で感染した骨を削り取り、大量の抗生物質を処方しました。

その処置で、つぎの週にはひどい痛みは治まりました。その後失った骨の部分に人工骨を足して再生してから、再びインプラント治療をしたのです。もし、あのまま治療をしなければ、Ｄさんは感染が広がり苦痛とともに顎の骨の大部分を失っていたかもしれません。

Ｄさんはいまでは定期的にクリーニングに通院しています。私が一番うれしかったのは、歯周病がよくなり、噛めるようになった後のＤさんが、いつも笑顔が絶えず、明るく変わったということです。

「歯がよくなったおかげで、笑顔が自然とこぼれるようになり、部下を叱っていてもつい笑い出してしまう。それにつられて部下のほうも笑顔で話を聞いてくれるようになりました」

と楽しそうに話してくれました。

第8章　歯科先進国と日本における歯の格差

――日本の歯科治療の常識は通用しない

「土曜日にはキャンディーを」運動

スウェーデンでは国をあげて虫歯の撲滅運動に取り組んだときに、「土曜日にはキャンディーを」という標語を掲げました。原文では「Lördags godis（ラールダグス グディス）」です。

虫歯予防のためには甘いお菓子は食べないほうがいいのですが、子どもはキャンディーなどの甘いものが大好きです。成長するために体がカロリーを求めているでしょうし、甘味は心の安らぎにもなります。それをまったく禁止するのではなく、土曜日になったら親と一緒にお菓子を買いに行くのです。親に決められた金額で、買える限りのキャンディーやチョコレートを買い、日曜日の夜までに買ったお菓子を好きなだけ食べて、残ったお菓子は没収します。そして、次の土曜日までは甘いお菓子を我慢するわけです。

親と一緒にキャンディーを買いに行くということが楽しみでもあり、お金の使い方や、自分がどういうキャンディーを選ぶかという選択の勉強にもなります。さらに、親子のコミュニケーションもとれます。虫歯予防だけでなく、いろいろなことを学習できるわけです。

スウェーデンではこういった心理面も重視した虫歯予防キャンペーンを行い、虫歯の減少に成功したのです。

アメリカの場合はちょうど私が留学中「フロス・オア・ダイ（フロスをするか死か）」というキャンペーンがありました。私の通っていた大学の授業の研究発表で「フロスをしましょう」という内容の発表をした学生もいたほどです。それぐらい歯と歯の間をきれいにするフロスの重要性を啓発していました。

前にも述べたとおり日本での「キャンペーンに「８０２０運動」がありますが、歯が20本残っていても嚙めない人も多いのです。嚙める「８０２０運動」にすることが今後の課題だと思います。

北欧の歯科医療現場を見る限り、虫歯予防やインプラント治療、再生医療など日本は学ぶべき点がたくさんあります。日本でも虫歯予防を促進するような医療政策や法的整備をより積極的に行っていくべきでしょう。

世界各国の治療格差

ほとんどの人は「歯医者さんに通うのは面倒、できれば行きたくない」と思っているのではないでしょうか？

「歯科医とのつき合いは虫歯や歯周病の治療、入れ歯やインプラントを入れるために治療してもらえば十分だ」

日本の歯科医療に対するイメージは、おおむねこういったものです。それは日本の歯科医療が治療中心に進んできた医療だからです。日本では虫歯になれば歯を削って詰める、これが常識です。子どもの場合も、多くの歯科医は歯を削って詰めます。

「お子さんの歯を削らずに、３ヵ月間様子を見ましょう」

虫歯の子どもの診察をした後に、つき添いのお母さんにそう話して驚かれたことがあります。なかには、ほかの歯科医院に子どもを連れて行って、削って詰めてもらったお母さんもいました。治療してもらわないと心配でたまらなかったのだと思います。

「虫歯はできるだけ早く削って詰めないといけない」という日本の常識ですが、前にも述べたとおり、スウェーデンやフィンランドなどの歯科先進国では違います。

私は世界各国に歯科医の友人や知人がいるため、機会があるたびに彼らの診療所を訪れ、治療を見せてもらうことにしています。歯科先進国のアメリカ、スウェーデン、フィンランドだけではなく、スリランカ、バングラデシュ、インドネシア、台湾など同じアジアの国の臨床現場も体験してきました。

学会などで海外に行くと、そこで知り合って仲よくなった歯科医の診察室に入る許可を得ます。そして、助手を務めて彼らのやり方を学ぶことにしています。３～４日間、ドクターの自宅に泊めていただき、助手に徹して勉強します。そして、その中のよいところを自分の診療にも生かすのです。

歯科医療は世界共通の部分ももちろんありますが、その国の医療制度や歴史、教育などによって大きな違いもあります。北欧と日本の虫歯治療は基本的な考え方が違うため、治療方針にも大きな差が出ています。

インドネシアやスリランカなどは、所得の高いセレブ階層の歯科医療と一般庶民のそれとにはっきり分かれています。アメリカも所得層により歯科医療の差が大きいところです。所得が高い人は非常に素晴らしい医療を受けられますが、低所得者層には医療費が高すぎるので、歯科医に行かない人も多いのです。自由主義の国で医療も自由ですから、所得が医療費に反映され、格差が出るわけです。

アメリカの医療は進んでいるが、医療費の高さに驚かされたという話をよく聞きます。

私がメンテナンス治療している患者さんで、大学留学中にアメリカでスキーで怪我をして腰の骨などを骨折し、さらに歯も折ってしまった人がいます。彼がアメリカの病院で治療をしたところ、総額1億円を請求され、両親が目の玉が飛び出るくらい驚いたそうです。幸いにも保険でカバーされたそうですが、もし保険に入っていなかったら、たいへんなことになっていたでしょう。

それに対して、福祉国家のフィンランドやスウェーデンは、医療は国が行うものというのが基本となっています。ですから国策として虫歯予防を行い、すべての国民がほぼ同質の医療を無料で受けられます。

国による考え方の違いはフッ素の使い方にもよく表れています。日本の場合、フッ素を水道水に入れるのは体に害があるという反対論があり、行われていませんが、アメリカやオーストラリア、アイルランドでは水道水の中にフッ素を入れて、虫歯予防を行っているのです。

安価な費用で虫歯予防ができるという費用対効果から、アメリカでは人口の60%以上がフッ素入りの水道水を利用していますし、アイルランドでは法律で義務づけられています。

スウェーデンでは水道水に入れずに、歯科衛生士が小学校に派遣され、定期的にフッ素の塗布をしています。スウェーデンは健康に対する国の予算が多くつくため、こういった「贅沢」ができるのです。

フィンランドでは保健所で子ども用にフッ素の錠剤を配っています。

日本がフッ素を水道水に入れない理由のひとつは、１０００人助かってもひとりが何らかのトラブルがあったり、苦情を申し出るならばやらない、という守りの姿勢が強いからです。もちろん、責任をだれがとるのかという問題も背景にあるでしょう。

それに対してアメリカは１０００人でひとりトラブルがあっても９９９人はメリットがあるから、実施するという考え方です。その代わり、被害をこうむったひとりには手厚いケアをする。多くの人が得をするものを優先する文化のようです。また市販の歯磨き剤もなるべく多量のフッ素を入れたものが多く出回っています。

世界を飛び回っている患者さんにも、身をもって歯科医のお国柄の違いを体験した方がいます。その方から伺った話を紹介しましょう。

Rさんは日本、アメリカ、ヨーロッパと世界中を飛び回って仕事をしている60代の画家です。Rさんは忙しさもあり、口の中にはまったく無頓着でしたが、その状態を見かねた人の紹介で私のところへ来院され、インプラント４本を含む全顎《ぜんがく》治療を受けました。以来、日本に帰国すると必ず歯のチェックとクリーニングにいらっしゃいます。

世界を飛び回っていますから、以前は歯が痛くなると、滞在している国の歯科医院に飛び込んで治療してもらっていたそうです。

あるとき、フランス滞在中に現地の歯科医にかかったところ、少し治療しただけなのに日本の自由診療では考えられないほど高い治療費をとられたそうです。一部しか治療していないのですぐに痛くなり、再診。するとまた少し治療をし、高いお金を請求する。これを何度もくり返したそうです。完全に治療をしないで少しずつ治療をするので、いつまでたっても治らなかったのでしょう。

ドイツの歯科医にかかったときは、まず検査を行い、治療はせずに、つぎの診療日を指定されたそうです。２回目も検査を行っただけ。結局３〜４回検査をしただけで、滞在期間が終わったということです。

実は治療が二極化している日本

「それに比べると、日本は検査もちゃんとやってくれて、きちんと痛くないように治してくれる。日本で治してよかった」とRさんは話してくれました。

この体験が仏独の歯科医療の典型とはいえませんが、少なくとも、日本では欧米諸国より安い医療費で、最低限の治療がすぐできるといえます。

このように日本の歯科医療には優れた点も多いのですが、残念な点もあります。歯を残すことに重点を置かない歯科医にかかると、残せるかもしれない歯を次々と抜かれていって、入れ歯や部分入れ歯になり、最後には歯をすべて失い総入れ歯になってしまうこともあります。

患者さんは歯を失うのは年齢だから仕方ないと思い、「先生の入れてくれた総入れ歯はよく噛める」と、むしろ感謝します。こうした治療を受ける患者さんは「悪くなればそのときに治療すればいい」と思ってしまいます。

日本の歯科医療は一律ではありません。保険診療と自由診療の二極化、さらに歯科医の質による二極化が進んでいます。その結果、患者さんも総入れ歯を入れる人と、自分の歯やインプラントですごす人との２種類に分かれているのです。Ｒさんも、もしかしたら総入れ歯になっていたかもしれません。

ちなみに、Ｒさんは現在、見た目も世界で活躍する画家にふさわしいきれいな歯になっています。世界中どこに行っても恥ずかしくありませんし、何よりも歯に関するトラブルがなくなったことが、仕事に大きなプラスになっているそうです。

歯の痛みや腫れなどのトラブルがあると、そのために時間を取られますし、仕事への集中力が低下します。トラブルがないだけで無駄な時間を使わなくてすむわけですから、絵を存分に描くという仕事に専念できているそうです。

スーパーGPは歯科医の理想像

アメリカのレーザー歯学会で知り合ったC先生のご自宅に数日間滞在し、助手をしながら診察を見学したことがあります。このときの体験は、私に改めて歯科医のあるべき姿を教えてくれました。

先生の自宅兼診療所はニューヨーク州のホワイト・プレインズという高級住宅街にあり、庭に鹿が遊びに来るような自然豊かな一角でした。歯科クリニックを開業して40年以上、患者さんからたいへん信頼されている先生でした。

ある朝、高齢の女性患者さんが来院されました。

「先生、1本だけちょっと歯が動くような気がするんです。どうかこの歯を助けてください」

彼女はなんと93歳、私には60代にしか見えませんでした。口の中を診ると、歯が全部そろいピカピカに磨かれていて、虫歯は1本もありませんでした。見ただけでは悪いところを見つけるのが難しいほど、きちんとケアされていることがわかりました。指で1本1本押してみると、かすかに1本だけ歯が動くような気がしました。日本なら、歯医者に来る必要がない、といわれたでしょう。

先生は診察するなり、すぐに軽度の歯周病と診断しました。そして、患部の歯肉をサッと切開し、10分足らずできれいに処置をして手早く縫合し、噛み合わせの調整をしました。まさに、プロの技術、芸術的ともいえる処置でした。そして、歯ブラシの仕方を指導し、

「これで大丈夫ですよ、1週間後にまた見せてください」

というと、患者さんはニコニコして、満足そうに帰っていきました。

そこには、長年培ってきた患者さんとの信頼関係があることが、よくわかりました。

C先生は患者さんの歯を丁寧に1本1本調べ、患者さんひとりひとりのライフスタイル、性格に適した方法で、歯を守っていました。

患者さんは若い人から高齢者まで年代も幅広いのですが、みなさん行き届いた手入れのされた歯の持ち主でした。

こういった歯科医を見ると、アメリカの歯科医療の素晴らしい面がよくわかります。日本では少し歯がしみたり、物が挟まったからといって、歯医者に駆け込む人はほとんどいません。腫れがひどくなったり、痛みが出てから慌てて受診するというのが一般的です。そして、痛みが治ま

ると受診をやめてしまいます。こういったことをくり返し、そのうちに歯が1本ずつダメになり、ブリッジや部分入れ歯、最終的に総入れ歯となっていきます。

90歳を過ぎても歯が全部そろい、定期的に歯科医を受診して歯の手入れをするというアメリカのこの患者さんとは、歯に対する意識がまったく違います。その意識の違いは、つまり、日本とアメリカの歯科医の違いでもあるのです。

アメリカではC先生のような歯科医はスーパーGPと呼ばれています。GPはジェネラルプラクティショナーという意味です。ひとつの分野、たとえば補綴《ほてつ》（入れ歯や詰め物などで歯の欠損を補うこと）とか歯周病だけの専門ではなく、口腔内すべてを診る専門医です。根の治療、補綴治療、歯周病治療、矯正治療、外科治療、インプラント治療など全部をひとりで完全にできる知識と技術をもつ。ひとつひとつの分野に関して専門医に負けないくらいの知識や技術があり、患者さんに信頼されて、生涯噛めるようにする。これをひとりの歯科医が担っていくのです。

これこそ理想的なかかりつけ歯科医の姿です。何でも治療できるスーパーデンティストということになりますが、すべての分野のレベルを常に高め、新しい知識や技術を習得しなければいけないわけで、正直、ものすごくたいへんなことです。だから、スーパーなのですが、そのための努力を人一倍行わなければならないのです。これこそ私がめざしている歯科の姿なのです。

歯を救うアメリカの名医の手法

アメリカの有名な歯周病の専門医にネイビンス先生という非常に多くの症例をもっているスーパーデンティストがいます。普通なら抜いて入れ歯になるような重い歯周病の人でも、自分の歯で噛めるようにする名人です。

入れ歯を入れないで自分の歯で最後まで噛める治療をします。たとえば口の中で下の歯が４本だけになっても、その４本を手術して骨を再生し、上に大きなブリッジをかぶせて、自分の歯で噛んでもらう治療を行っています。私も大きな影響を受け、自分の治療のお手本にしています。

これに対して、日本の多くの歯科医は歯周病が進んだ歯は抜いてしまって入れ歯にしてしまいます。しかし、歯周病でぐらぐらになった歯でも、先生が行っている治療なら多くの歯を救うことができるのです。

ぐらぐらした歯をまず矯正して元の歯の位置に戻し、そこから歯周病を治し虫歯を治した後、仮の歯で全部止めておきます。そして骨の回復を待ちます。骨が治った状態のときに今度は本物の人工歯を入れ、ガチッと噛めるようにする。歯周病治療と噛み合わせの治療とを同時並行で行うのです。

アメリカはレーザーによる歯科医療が進んでいます。私が所属しているアメリカ最大のレーザー歯学会ＡＬＤは世界中におよそ２０００人の会員がいます。レーザーの歯科治療の安全基準を定めた最新の治療法を普及するための活動を行っています。

アメリカの学会では権威ある偉い先生ほどボランティアで講習会を企画したり、会場の手配などの下働きを一生懸命行っています。こういったアメリカの歯科医の姿を、私は何度も目にしていますし、とても尊敬し、自分もそうありたいと思っています。

私はフィンランドのトゥルク大学で予防歯科を学びました。フィンランドは世界でもっとも虫歯を減少させた国として世界中から注目されていたからです。

前にも述べたように、フィンランドは40年前は日本より虫歯の多い「虫歯大国」だったのです(国民ひとり当たりの虫歯の本数は、平均６・９本、日本では５・６本)。

それが、地域によっては12歳児の虫歯発症率の平均が０・１本と、ほぼ「虫歯ゼロ」の国に変わったのです。

フィンランドでは１９７２年に「健康基本法」という法律をつくり、虫歯予防のプログラムを法制化しました。母親と子ども両方の健診、予防、教育を全国の保健所で実施し、ミュータンス菌の検査、歯ブラシ指導、フッ素塗布、食事指導、キシリトールの普及などを行っていったのです。

まずフィンランドでは歯科大学を増設。歯科医師の数を増やし、国民への教育を行いました。虫歯は感染症であること、フッ素やキシリトールで防げる病気であること、そして歯科医院では、親子の定期健診を実施すること。また、妊娠初期から子どもの虫歯を防ぐために母親への教育を始めるなど、虫歯予防を推進する運動を政府が行ったのです。

予防と衛生教育を徹底し、フッ素やキシリトールを併用する。それほどお金がかからず、大掛かりな設備や機械も必要のない費用対効果の高い、たいへん賢い方法をとったといえるでしょう。

キシリトールに関する研究も多く行われました。たとえば、子どもがキシリトールガムを２年間噛むと、子どもの虫歯が３分の１になる、出産後の母親が21ヵ月間ガムを噛み続けたら、子どもたちの虫歯が４分の１になるなど多くの研究報告が出されています。

フィンランドは予防するのが良医

現在、フィンランドでは、「歯は治療するものではなく予防するもの」という意識が国民に根づいています。母親と乳幼児にフッ素の飲み薬と歯科専用のフッ素をより多く含んだ歯磨き剤を使用してもらい、もし小さい虫歯があれば、歯科医院で高濃度のフッ素を塗って再石灰化を促します。

歯科医院では定期検査を行い、ミュータンス菌のチェックや虫歯の進行度などを調べます。虫歯が悪化せず、溶けた部分が再石灰化で硬くなりこれ以上の進行がないことが確認できたら、そこでは積極的に削る治療は行いません。

虫歯治療の必要がほとんどないため、一般歯科医師は移民などの大人の治療、歯の矯正やメンテナンスを行うのが主な仕事になっています。また、歯科大学の学生の90%が女性です。

虫歯が珍しいために「虫歯が多い子どもは、家で虐待（ネグレクト）を受けている可能性がある」と、調査員がその家庭に調査に入ることもあるほどです。

フィンランドでは歯科医師の使命は、①人々の健康を守る、②病気を未然に防ぐ、③病気になった人を治す、④再発を確実に予防する、の４つです。これらを私も自分の治療方針に取り入れています。

日本は病気を治してくれる医師が一番いい医師と思われていますが、フィンランドでは、もっともいい医師は「病気をつくらない医師」、普通の医師は、発生してしまった「病気を治す医師」といわれています。

東洋医学でも「良医は未病を治す」という言葉があります。病気になる前に予防するのが良医ということです。

この考え方からすると一生懸命「早期発見・早期治療」をするのは、「普通の医師」で良医とはいえないわけです。日本の虫歯治療ではまだこういった方法が主流です。

口の中に虫歯ができ、虫歯の種が口全体にまかれた状態で、早期発見して治療する。口中にまかれた爆弾がある日爆発するように、だんだんとあちこち悪くなっていくのを、どんどんと見つけて治療していく。これではもぐらたたきと同じです。その前の段階で、虫歯の原因を潰すことにもっともっと力を入れるべきではないでしょうか。

フィンランドにできたことが、日本でもできないはずがありません。海外の歯科治療のよい点はどんどん取り入れて診療レベルを上げることが、日本の患者さんの利益につながるはずです。

虫歯の子どもは虐待か？

スウェーデンとフィンランドの歯科医療は似ている点が多くあります。虫歯予防の方法もほとんど同じといっていいでしょう。

歯科医師に女性が多い点でも同じです。虫歯治療が激減して、代わりに口腔外科、矯正、インプラント治療が盛んです。将来の日本の歯科医療もこのような姿になってほしいと思います。

スウェーデンの40代、50代は虫歯ゼロの医療が導入されたころに子どもだった世代ですから、虫歯がありません。ですから、その子どもたちにも虫歯がないのが普通です。

生まれたときから虫歯とは無関係の世界に生きていると、歯を磨かない子どもが出てきます。口の中が不潔でも、原因となるミュータンス菌が定着していませんから虫歯にならないのです。すると前に述べたように今度は歯周病になる子どもが出てきたのです。だからこそ、口の中をきれいにするクリーニングは虫歯がなくても必要だとされているのです。

現在の私たち日本人が一生懸命歯を磨くのは虫歯になるからで、私たちも30年後には虫歯にならないからと、歯を磨かなくなっているかもしれません。

スウェーデンもフィンランドと同様、子どもの虫歯がほとんどない国になったので、子どもを虫歯にするのは親の恥であり、親が責任を十分果たしていないと考えられています。虫歯ができるということは家の中で虐待（ネグレクト）が起きていると思われるのです。

最近、日本でも歯科医が虐待されている子どもを発見できると話題になっていますが、スウェーデンでは十数年前からそれが実行されています。歯科医が子どもの歯をチェックして、歯の損傷がひどいと保健所などに通報するようになっているのです。

通報を受けた保健所では、その子どもの家に行って虐待（ネグレクト）が起きていないかを調べます。歯科医が子どもの歯を診て、歯だけではなく体の虐待も監視することが以前から行われています。虫歯がない国だからできることです。

医科歯科はチーム医療が当たり前

２００５年に私はスウェーデンのＮÄＬメディカルセンターで骨の再生医療を学んだと述べましたが、ここでは交通事故や歯周病で頭やあごの骨を失った患者さんに、骨の再生手術を行っています。大がかりな手術には、口腔外科、眼科、頭頸部外科、耳鼻科などいくつもの診療科のドクターが協力して、手術を行うのが普通です。チーム医療が優先して行われ、ひとりの患者さんをドクター同士で協力して治すという姿勢で毎日の診療が行われていました。

各科の先生同士は仲がよくて、一緒に昼食を食べたりするのが当たり前ですし、手術室もほかの科のドクターの出入りが自由で垣根がありません。

手術中に、ほかの科のドクターが気軽に手術室に入ってきて、ここはこうしたほうがいいよとアドバイスしているのです。その光景があまりにも自然で、他科との連携があまりない日本から来た私には驚きでした。私も時間をみつけては、しょっちゅう他科の手術を見学させてもらいました。

そのときの患者さんは事故で額《ひたい》の骨を損傷し、修復手術を行っていました。執刀医は脳外科医でしたが、手術中に口腔外科の先生が入ってきました。頭部を開くところまでは脳外科医が行いました。そこにチタンのプレートを入れて頭蓋骨がへこんだところを治し、下に骨をつくる人工骨を入れたのは口腔外科のドクターでした。

額の手術ですから脳外科医や形成外科医が行うと思っていたら、口腔外科医が行ったのです。脳外科医に理由を尋ねると、「骨をつくる技術を口腔外科の先生がもっているから」という答えが返ってきました。

日本は総じて縦割り意識が強くて、各科ごとに手術をするのが一般的です。たとえば顔面損傷した場合には、頭頸部外科、眼科、形成外科、口腔外科がそれぞれ手術や治療をすることが多いのですが、私が所属していたスウェーデンの病院では各科が一緒に手術に立ち会い、互いに話し合いながら治療を進めていきます。

日本はシステム上、医師と歯科医師の治療範囲が固定化されています。しかし、外傷や病気は規則で決めた境界には関係なく、両方にまたがることが普通にあります。患者さんにとっては、自分の悪いところを短期間でうまく治してくれれば医師でも歯科医師でもいいわけです。医療側にとっても、制限が厳しいと治療が十分できないことが多いのです。

患者さんのメリットや医療効果を考えれば、医科、歯科は連携することも必要でしょうし、さらに踏み込んでいえば、分断しないで一体となって治療できるようなシステムにできるとよいと思います。

歯科衛生士の社会的地位

スウェーデンと日本の大きな違いのひとつに、歯科衛生士の社会的地位があります。

NÄLメディカルセンターでは、歯科衛生士や看護師に若い女性がひとりもいませんでした。日本では看護師も歯科衛生士も若い人が多いので、とくに深く考えずに「ここには若い女性はいないのですか？」と看護師長に何気なく尋ねたことがあります。

すると、「あなたは若い女の子を探しにスウェーデンに来たの？」とぴしゃりといわれてしまいました。一瞬、冷や汗が流れましたが、理由を聞くと、なるほど。さすがスウェーデンと納得しました。

このセンターの口腔外科ができたのは40年前、当時新人として入ってきた20代の看護師や歯科衛生士は、それからずっと働き続けているので、みなさん60代になっている。男性と同じで、仕事を続けているので50代以上の人が多いのです。

最近は日本でも女性の活躍が推進されるようになりましたが、スウェーデンは女性も一生仕事をする社会なので、結婚や子育てで仕事を辞める女性はいませんでした。

そのようなベテランの歯科衛生士や看護師が継続して患者さんを診ているわけです。つまり、一時期の診療だけではなく、患者さんの生涯の健康管理に責任を負うことでもあるのです。歯科衛生士がずっと長くひとりの患者さんを診ていれば、口の中の状態の変化がわかります。患者さんの変化に応じて口腔ケアをどうするか提案できますし、ときにはドクターが気づかないようなよりよいアドバイスができるかもしれません。

それだけではなく、歯科医に代わって患者さんへの説明ができますし、歯科医の治療の得意、不得意もわかります。ときには、歯科医に対して意見をすることもあります。患者さんにとっても、歯科医に聞きにくいことも歯科衛生士なら聞きやすいということもあるでしょう。ずっと自分の口の中を診てくれているベテラン歯科衛生士なら、患者さんも信頼するのではないでしょうか。

スウェーデンとは社会的背景の違う日本では、歯科衛生士はある年齢になると辞めてしまい、古い人はあまり残らず若い人ばかりです。10年間同じ職場に勤務する歯科衛生士は5％といわれています。また、65％が平均1～3回転職、退職しているという調査もあります。

看護師の場合はより長く勤務するようになっており（2014年度常勤看護職員の離職率は10・8％）、歯科衛生士とは大きな差があります。

給料の面での待遇にも離職する一因があります。日本の歯科衛生士の平均年収は、300万円台前半～350万円（厚労省「賃金構造基本統計調査」）です。

ちなみに、看護師の年収は460万～470万円前後で、歯科衛生士より100万円ほど高くなっています。歯科衛生士が長く働くためには、少なくとも看護師並みに待遇や地位を上げる必要があります。

歯科衛生士の待遇は国によって大きく違います。たとえば、私の知っているカナダの衛生士は平均月収80万〜90万円、年収1000万円くらいでしょうか。週に5日、1日8〜10人の口腔ケアをしていて、これだけの収入があります。

アメリカも歯科衛生士の収入は高額です。私がまだ勤務医だった20年ほど前、アメリカの学会に頻繁に出席していたのですが、そこで知り合った歯科衛生士たちと食事に行くことがよくありました。アメリカの衛生士は平気で高級レストランに入って、値段の高いメニューを注文していました。私が高いことを気にして注文をちゅうちょしていると、「私がおごってあげるから、大丈夫」といわれました。ついでに給料を聞くと、だいたい年収1000万円くらいということでした。当時、その半分の年収しかなかった私はそれを聞いて、遠慮なく高額なステーキをおごってもらうことにしたものです。

アメリカやカナダの歯科衛生士が、それだけの収入があるということは、それだけの仕事をしているということです。専門知識や口腔ケアの技術レベルが高いのはいうまでもありません。歯科衛生士がプロの口腔ケアをすることで、虫歯や歯周病をつくらず、患者さんもまたお金のかかる治療をしなくてすむからです。年収1000万円を歯科衛生士に支払っても、虫歯や歯周病の治療費やそれが原因で悪化した病気の治療費や保険料そして失われる時間や苦痛を考えると、十分以上に元が取れるということになります。

つまり歯科衛生士の待遇をよくすることが、歯科衛生士の意欲やレベルアップにつながり、それが医療費を下げることにつながるのではないでしょうか。

歯科技工士は大切なパートナー

離職や転職が多いのは歯科衛生士だけではありません。日本では歯科技工士の転職が多く、最近では歯科技工士の専門学校が廃校になったりもしています。つまり技工士の待遇が悪く、なり手が減っているのです。私は歯科医師の最大のパートナーは、歯科技工士だと思っています。

私の医院では、ふたりの歯科技工士が常勤で勤務しています。私が歯を治すことと技工士が人工の歯をつくることは、一体であると考えるからです。いくら精密なよい治療をしても、人工歯がダメなら治療は失敗なのです。

そのため、快適な環境で精密なものをつくってもらえるよう、技工室は大きな窓のある居心地のいい空間にしています。患者さんの口に入るものをつくるわけですから、機材も精度がいいものをそろえ、患者さんに技工過程をいつでも見てもらえるような設備や環境を整えています。

その重要な役割を担っている歯科技工士を、日本ではあまり大切にしていないように思います。単に安く早く物をつくるだけの役割と考えられているようなのです。

なかには海外から安い人工歯を輸入したり、海外の技工所に注文したりする歯科医もいます。さまざまな費用が高騰するなかで、なるべく治療にかかるコストをおさえたいと思う歯医者の気持ちもわかります。しかし、規制が日本とは違い、国によっては歯科技工士の資格がない人に人工歯をつくらせている所もありますし、日本では使ってはいけない種類の金属を混ぜて使う所もあります。ときには金属アレルギーの恐れのある材料が使われていることもあります。

人工歯はただの物で、歯科技工士は物をつくるだけの人と見るのは大きな間違いです。入れ歯やインプラントは、大切な器官である歯の代わりをする人工器官です。人工器官が、劣悪な環境のもと、材料をごまかしたりコストダウンしてつくられる。はたしてそれでいいのでしょうか。人の体の一部を担う精密な人工器官をつくるのに、大量生産でいいものがつくれるとは私には思えません。

技工士が医療者としての心構えや知識、技術を身につけ、患者さんをよく理解して義歯や人工歯をつくれば、つくったものの質も高くなります。患者さんの口に入り一生使える人工器官をつくるという気持ちでつくれば、そこに魂がこもった精密なものができます。いいものをつくり患者さんが喜んでくれれば、技工士のモチベーションも上がります。ただ部品交換して「はい終わり」ではないのです。

技工士に患者さんの状態を知ってもらうためにも、私のところでは技工室を診察室のすぐ横に設置しています。近いのですぐに診察室に技工士を呼んで、直接患者さんの口の中を見てもらうことができます。助手としての手伝いもしてもらい、できるだけ技工士が患者さんと触れ合うことを心がけています。

また、私は技工士に自分の治療を直接見られることになります。歯科医の成功も失敗も技工士は客観的に見ています。

「この歯の削り方はちょっと甘いな」とか「この歯はもう少しうまくできたのではないか」とか、技工士の目で見ると、歯科医が気づかない問題も見えてきます。それは私のスキルアップにもつながるのです。

技工士も実際の治療場面を見ることによって、微妙な角度の違いで技工物がフィットしないこともわかりますし、患者さんの歯の個人差などがよくわかってきます。患者さんの痛みや気になっている部分、希望がわかってきますので、さらに患者さんの気持ちに寄り添い、より精密で快適な人工歯をつくろうという努力にもつながります。

日本は世界に冠たる精巧な入れ歯を２００年以上前からつくってきた国です。ものづくり日本の伝統は素晴らしい技術を培ってきました。その技が消えるのはなんとも惜しいことです。

最近は技工の世界にもＣＡＤ／ＣＡＭ、３Ｄプリンターなどの最先端技術が導入され、口の中の写真を撮って、データを送るだけで技工物ができてくる新しい技術もでてきました。

そのため、将来技工士はいらなくなるという人もいます。しかし、私はそうは思いません。実際にそうしてつくられた技工物を見ると、まだ人間の手で調整してつくったものにはかないません。

たしかに簡単なものは３Ｄシステムで正確にできるかもしれませんが、複雑で微妙なものは、経験を積んだ技工士にはかないません。単純なものは機械にとってかわられても、職人的な技工士は将来も必要とされるのではないでしょうか。

歯科医が技工士をパートナーとして尊重し、共に治療を行っていくことが、優れた技工技術を残していくことになるはずです。

第9章　寝たきりも減らせる「歯の先進国」へ

――アクティブシニアのお手本に学ぶ

健康調査の後悔第1位が「歯」

アメリカにはいくつになっても美しい歯をもち、元気な高齢者がたくさんいます。その多くが中流階級以上の人たちです。そして、政治やビジネスの世界でリーダーやセレブといわれる人たちはみなさん、自分の歯に気をつかいメンテナンスを怠りません。

それは歯の健康が仕事や自分への評価につながることをよく知っているからです。これまで何度も述べてきましたが、歯は健康や見た目を左右するだけでなく、仕事への意欲、集中力にも大きな影響を与えるからです。

だから、欧米では歯がきれいであることが、成功への道のひとつと認識されているのです。

「成功したければ歯を治せ」は現実でもあるのです。

日本でもようやく、歯の大切さが強調されるようになりましたが、まだ治療中心の医療が主流です。北欧の歯科医療でも紹介したように、日本でも予防歯科が中心になっていけば、虫歯や歯周病を劇的に減らすことができ、誤嚥性肺炎や生活習慣病などの予防にもなるはずです。

１００歳を過ぎても現役医師として働いている日野原重明《ひのはらしげあき》聖路加国際病院名誉院長は、長寿の秘訣について「歯の健康を保つこと」と話されています。

そして、「歯と歯茎の間からばい菌が入って歯周病になると、その菌が全身をめぐってインスリンの活動に障害を起こし、糖尿病の原因になることが最近わかってきました」と述べています（『プレジデント』２０１2年11月12日号）。

内科医であり、健康長寿を絵にかいたような日野原先生の言葉には説得力があります。先生は17本の歯が残っているそうですが、時代や年齢を考えると、称賛に値します。健康長寿を実践している日野原先生は、医師としても歯の健康がいかに大切かを、私たちに教えてくれています。

健康長寿は歯がポイントなのです。

同じ記事で55～74歳の男女１０００人を対象にアンケートが行われていて、たいへん興味深い結果〈「後悔していることトップ20」〉がでています。

健康後悔の第1位は「歯の定期健診を受ければよかった」でした。中高年になって、歯がいかに健康や仕事、人生に大切かということがわかったということでしょう。

日野原先生も「まず、定期的な健康診断を受けること」が元気で長生きするコツだとおっしゃっています。

予防医療、予防歯科が歯だけではなく全身の健康のポイントということです。

予防歯科の大切さを身をもって実践されている野田先生と日野原先生は、健康長寿のひとつのモデルです。いまからでも遅くはありません。おふたりのように、歯の健康を維持するために、定期健診を行って歯を大切にすれば、健康長寿に一歩近づけるのです。

急激に超高齢社会に入った日本は、高齢化率が26％となりました。団塊の世代が75歳の後期高齢者になる2025年には、高齢化率は30・3％になると推定されています。

これは「2025年問題」として、だいぶ前から問題提起されていて、医療、介護の社会的負担が重くなると心配されています。日本の将来は真っ暗とさえいわれてきたのです。

2011年には独立行政法人国立長寿医療研究センターに「歯科口腔先進医療開発センター」が新設されました。こういった国や行政の動きを見ても、高齢者の健康を保つには、歯と口腔の健康が欠かせないことが、はっきりと理解されるようになっています。

企業健康格差は歯の健康意識から

企業でも中高年世代の健康づくりに力を入れるところが出ています。

企業の健康保険組合は国民健康保険への拠出金の負担などもあり、財政状態はけっして余裕があるわけではありません。赤字のところもあります。医療費を抑えるためには、被保険者である社員の健康を維持する必要があります。その一環として、生活習慣病や歯周病の予防に取り組む健保も増えています。

たとえば、ダイエー健康保険組合では、「白い歯」や「爽やかな息」をつくるための情報提供や環境整備に力を入れているそうです。

接客に従事する社員が多い職場ですから、見た目や口臭といったビジネスマナーの視点からも、歯の健康をアピールし、結果的に虫歯や歯周病を予防し、健康につなげようというものです。たいへん素晴らしい取り組みで感心します。

ひとつひとつの企業で、こういった取り組みが行われていけば、日本社会全体のデンタルＩＱは上がっていくはずです。それに加え、私たち歯科医が正しい情報提供を行うことが重要なのはいうまでもありません。

企業で保健に携わる産業医などが加盟する産業保健研究会（さんぽ会）は、「口から見えてくる健康格差」というテーマで、虫歯や歯周病、歯の喪失といった歯科疾患の格差について、報告しています。

それによると、歯・口腔の健康格差は、「学歴（教育）」「収入」「職業」「社会的地位」「環境」

などが影響していると報告されています。企業内でも格差があり、同じ会社でも事務職か営業職、技術職かによっても、格差が生まれるということです。

企業によっても格差があり、東京証券取引所の上場企業のうち、従業員50名以上の415社に対するアンケート調査（「歯科の取り組みが実施できているのはどんな企業？〜上場企業へのアンケート調査から〜」）では、会社として歯科の取り組みを行っている企業の割合は12％となっています。上場企業であっても、10％ちょっとしかないのです。まだまだ歯の健康意識は浸透していないことがわかります。

もし経営陣が歯の健康の大切さを理解していれば、この数字はもっと上がると思われます。歯の治療やクリーニングをして、歯がきれいで口臭もなくなると、営業職や接客など人に見られる仕事だけでなく、内勤職員の勤務態度や身なりにもいい変化が出てきます。歯や口腔内の変化は、私たちが考える以上に、心身に与える影響が大きいといえます。

健康格差をなくすためにはまず、歯・口腔の格差をなくすのが近道です。歯・口腔の健康改善は、いますぐにも始められますし、大がかりな医療機器や高額な薬を使うよりも、ずっと手軽で体への負担も小さいからです。より多くの人が歯・口腔の健康を改善すれば、健康格差は小さくなるはずです。歯の健康に取り組んでいる12％の企業は、おそらく社員の健康度が高く、労働生産性も高いのではないでしょうか。

日本ではある程度の規模の企業は、社員の定期健診が充実しています。企業の健保組合が定期健診を行っているのは、組合員の健康増進にとって、また経済面からみても、病気を未然に発見し、早期治療をすることが効率的だからです。

それは口の中の健康でも同じです。胃腸や循環器の定期健診をするのと同じように、口腔の定期健診にも力を入れてほしいと思います。

歯が残っているほど医療費も少ない

国をあげての虫歯予防運動や教育は、毎年1兆円ずつ増加していく日本の医療費対策にもたいへん参考になります。

歯が残っている人ほど医療費が少ないことは、これまでの統計でもわかっています。残存歯数が20本以上の人は、それ以下の人よりも医療費が少なくてすみます。

たとえば、こんな統計があります。

残存歯数と歯科医療費の関係を調べたところ、年間で、残存歯が0～4本の人は51万7400円であるのに対して、20本以上の人は34万1500円と、約1・5倍もの開きがあるのです。

また、歯周病と医療費の関係では、歯周病の人は医療費が高くなることもわかっています。心臓病である虚血性心疾患の医療費では、重症の歯周病の人は40万8100円、歯茎が健康な人は12万1400円と、なんと3倍以上の開きがあります。

これと同様な調査は全国で行われていて、各地域とも、歯が残っている人ほど、歯茎が健康な人ほど、医療費が少ないという結果が出ています。

医療費が少ないということは、健康度が高いということでもあります。残存歯が多い人は医療を必要とする病気にかかりにくく、かかっても軽くすむとも考えられます。

つまり歯・口腔の健康は、糖尿病や心臓病などの生活習慣病の予防にもなる予防医療でもあるのです。

高齢者医療費だけではなく、そのほかの医療費も少なくなるという報告もあります。

フィンランドは予防歯科に力を入れ、歯科医療にかかわる人材を育成することで、医療費を削減しました。最初は人材育成や啓発活動に投資して、一時的にはお金がかかりましたが、それ以上のプラスが生まれました。日本でもさまざまな研究や調査結果から、同様のメリットがあることがわかります。

予防歯科、予防医療にお金も人材も投入して、将来の医療費増加に歯止めをかけるような施策を、行政も積極的に推進してほしいと思います。

噛む力は胃瘻や寝たきりを防ぐ

「口から食べられなくなって、胃瘻や点滴で無理やり生かされることが、本当にいいのか考えさせられます。生命の摂理に逆らって苦しむ医療よりも、穏やかに自然に生を終える平穏死が、僕の理想です」

先に登場していただいた野田先生は常日頃から、ご自分の死生観をこう語っていらっしゃいます。

高齢者やその家族がもっとも気になることのひとつは、胃瘻や寝たきり状態になることです。胃瘻とは、皮膚と胃に穴を開け、チューブで胃に直接栄養を流し込む方法です。胃瘻をしている人の数は推定で約60万人、毎年10万人が新たに造設しているといわれています。

胃瘻がすべてダメというわけではありません。医学的に必要なときには行うべきですが、病状が回復し口から食べられる状態になれば、外すことができるものです。

1979年にアメリカで始まり、日本では1990年代以降に普及しましたが、本来はあくまで一時的な処置であり、アメリカでは現在でも一時的な治療手段として使用されています。

しかし日本では、当初の一時的処置といった使い方ではなく、いったん胃瘻にするとなかなかそれを外せない「死ぬまで胃瘻」の使い方が増えています。終末期医療をめぐる法律の問題もありますが、口から食べる訓練や口腔ケアが十分行われないことが、大きな原因といわれています。

嚙んで飲み込むという人間の基本的な能力を歯科医療で回復すれば、胃瘻や寝たきりから回復できる可能性はあります。

胃瘻や寝たきりの人が元気になれば、介護や医療にかかる費用も減らせます。何よりも、これまで食べたくても食べられなかった高齢者が、食べる楽しみを取り戻し、元気になっていくことが大切なのです。

プロスキーヤーの三浦雄一郎《みうらゆういちろう》さんは、80歳でエベレスト登頂に成功したアクティブシニアの代表です。さらに三浦さんの父親である敬三《けいぞう》さんも、99歳でモンブラン山系の氷河をスキーで滑り降り、息子さん以上のアクティブシニアでした。102歳目前に亡くなった敬三さんは総義歯ではありましたが、一口の食べ物を60回も嚙んで食べていたそうです。

統合医療を提唱し、日本統合医療学会を設立した東京大学名誉教授の渥美和彦先生は、これからの医療は「予防医学」、お金をかけない「エコ医療」、自分で健康を守る「セルフコントロール」が重要になるとおっしゃっています。渥美先生は野田先生の東大時代の友人で、現在88歳のアクティブシニアです。

著書『医者の世話にならない生きかた』（ダイヤモンド社）では、「栄養バランスのよい食事をして、睡眠をきちんと取り、体を適度に動かす」ことが、病気予防の基本だと述べていらっしゃいます。それを実行するためには、シンプルなことを継続することが重要で、渥美先生はよく歩き、よく噛むことを実践されているそうです。

渥美先生の奥様も医師で、毎食「一口50回」噛むことを厳密に守っていらっしゃるそうです。長寿遺伝子の研究で有名な内科医の白澤卓二《しらさわたくじ》先生は、よく噛んで食べることが、若々しくスリムな体をつくると述べています（『文藝春秋』２０１４年8月号「１００歳まで元気なアンチエイジング最新報告」）。

胃瘻や経管栄養で噛むことを失い、意欲や認知機能が低下した人が、噛むことで再びよみがえるのです。

アクティブシニアをめざすなら、まず、しっかり噛める歯・口腔を維持することが大切なのです。

健康の入口・歯は社会的存在

目や歯は外から他人が見ることのできる器官です。その歯・口腔の健康は心身の健康に密接な関係があり、仕事や生き方に直接影響します。さらに、歯・口腔の状態は社会全体にも大きくかかわっています。歯・口腔はわれわれの社会の反映であり、口の中を見れば、その社会の姿や医療水準がわかりますし、その人の健康状態や環境、教育、社会的地位が推測できます。

つまり、歯・口は社会的存在なのです。

ですから、歯科医療に懸命に取り組もうとすれば、単なる医学の範囲だけにとどまれないのです。

私は歯科医として25年間、父とともに多くの臨床を重ね、歯科先進国の優れた歯科医たちの医療に学び、見事な技術を目の当たりにしてきました。その過程で、患者さんにとって最高の医療を提供するにはどうしたらいいのかを常に考えてきました。

そして、歯科医は単に口の中を診るだけでは本当に患者さんに満足してもらえる医療はできないと考えるようになりました。ですから、生物学、工学、美学、心理学などの学問を応用して、患者さんがもっとも心地よい環境で医療を受け、健康の入り口である歯を守る治療技術を提供できるように、日々努力することを肝に銘じています。

私は歯科医の役割は単に歯だけではなく、人々の健康を守り維持することだと考えています。最良の医師とは、病気を治す医師ではなく、患者さんを病気にさせない医師なのです。何でも食べられる歯・口があれば、食生活は豊かになり、社会的交流も増え、人生は楽しくなります。

歯を治され、定期的に通院されている方はだれでも体験することですが、食事をしっかり食べられるようになります。いままで自分がいかに食べることが不自由だったかと、わかるようになってきます。いままで食べられなかったものが食べられるようになり、しっかり噛んで食物を咀嚼すると胃腸の調子もよくなり健康になっていくのです。だんだんと口臭も減ってきて、口の中の不快感もなくなっていき、明るく前向きになります。噛む筋肉がつき、顔つき、目つきも変わってきます。

こういった変化が、半年から1年で起きてくるのです。するとつぎはスポーツジムに通い始めたりする人も現れます。歯の健康から体全体の健康に気をつかうようになります。

走る人もいます。しっかり噛める歯があると、走る能力も気力も高くなるのです。歯を治して記録が伸びる人もいらっしゃいます。運動をするようになると、体型も変わってきます。メタボ体型の解消にもつながるのです。

そして、健康な人が増え、病気の予防ができれば、日本人の健康寿命は延びるでしょう。そのことは、医療費の伸びを抑え、社会の負担を減らすことにつながります。

よい歯科医はよい患者で育つ

医療者は専門知識をもっていますから、どうしても患者さんを上から一方的に診断しているような錯覚をしてしまいます。しかし、私がいつも感じていることは、患者さんも医療者を見て、審査しているということです。

歯科医は患者さんを治療してよい方向に誘導しますが、よい患者さんに囲まれた歯科医もまた、成長するのです。いわば、よい歯科医はよい患者さんによって育てられるということです。

歯科医の中には、口の中の専門知識以外のことを学ぶ時間がないほど忙しい人もいます。そのため、ほかの分野の知識に乏しい人もいますが、少し目線を変えれば、来院してくださるさまざまな分野で活躍する患者さんから多くのことを教えてもらうことで自らも成長することができます。そのベースにあるのは、患者さんとの良好なコミュニケーションです。

よい歯科医・治療の基本は、まず患者さんとの信頼関係を築くことが第一歩です。双方の情報格差を縮める努力をするということです。医療者は、患者さんの目線になることを忘れてはならないと思っています。

患者さんは、だらしない格好の歯科医に、大金を払って自分の口の中を診てもらいたいと思うでしょうか？

あちこち汚れた診察室で、歯科医や歯科衛生士がいくら歯を磨きなさいといっても、素直にそれを実行できるでしょうか？

清潔できちんとした身なり、清掃が行き届き、清潔で機能的な診察室、消毒が万全で感染の恐れがない医療器具や設備が、信頼関係を築くための必要条件です。

私なりに、いい歯科医の条件を列挙すると、次のようになります。

1. 歯科医としての使命感をもち、常に技術を磨き習得を怠らない。
2. 診療時間を守ることなど、一般的な常識がある。
3. 従業員との関係が良好で、歯科衛生士や歯科技工士が技術を学べる環境をつくれること。
4. 患者さんの話をしっかり聞き、丁寧に説明をしてくれる。治療の見通しや治療後の経過などもわかりやすく教えてくれる。

5. 家庭でも実践できるよう、歯ブラシや歯磨きペーストなど、一律でなくその人に合った口腔ケアを教えてくれる。
6. 患者さんが恐怖を抱くような治療をしないよう、心掛けている。患者さんが笑顔で訪れ、帰ることができる環境や雰囲気づくりをしてくれる。
7. インプラント後のメンテナンスや、虫歯・歯周病などのケアにも力を入れている。
8. 学会などに参加して最新技術や情報に触れ、歯科医療先進国の医師と意見交換できる。

あとがき

私は歯科大学に入る前、心に誓ったことがあります。それは歯科医師として使命をもつこと。具体的にいうと、ひとりの医療者として、治療という名のもとに人の健康を害することをしない、ということです。

人は使命がないと、損得のみで行動をしてしまいます。手抜きを行い、よりお金が儲かるほうへと興味が向いてしまいがちです。

健康を回復するための治療が目的ではなく、診療報酬をより多く得ようとする治療を優先させれば、場合によっては結果的に患者さんの健康を害することになってしまいます。残念ながら患者さんを健康にする治療を優先させるのは、日本で行われている保険診療では限界があると、私には思えるのです。

現在、日本の医療は保険診療が主流です。保険診療は、必要な基本的治療を平等に受けることができます。ただし、保険診療には制約があります。保険で認められた治療しかできませんんから、世界のすぐれた先進的治療ができないこともあるのです。

診療報酬は日本全国均一ですから、物価の高い大都市と地方も同じ金額です。診療所を開設する費用は大都市部では賃貸料が非常に高額で、地方の何倍にもなりますが、診療報酬は一律です。その中で高額な医療機器を導入し、高い家賃を支払いながら、国で決められた一定額で歯科医院を運営していくのは、自分の経験からしても至難の業です。おそらく物価や家賃の高い都市で開業するほとんどの歯科医院は、保険診療だけでは経営ができず、苦しい思いをしているでしょう。

しかも、保険で治療した詰め物や義歯などの平均寿命は、5〜8年というデータが出ています。また、修復物が取れてしまった後の歯は内部が再び虫歯になっていて、より大きな修復物が必要になるという、負のスパイラルを重ねていく可能性もあります。

私は幸運にも患者さんにめぐまれ、歯学部の学生時代からの夢であった理想の医療を提供するために自費診療のみの歯科医院をつくり運営しています。

私の患者さんは健康保険料を支払っているのに、その納めた保険料の恩恵にあやかることなく、自費で私の治療を受けに来ているのです。私はその方々を尊敬しています。そして大きな目で見れば、この事実は保険を使わずに国の財政を助けていることにもなります。

生まれたばかりの赤ちゃんには虫歯のもとになる虫歯菌はいません。乳歯が生えても虫歯菌に感染しなければ、虫歯ゼロです。もし乳歯が虫歯になっても、永久歯に生え変わるとき、再び虫歯ゼロにできるチャンスがあります。そのときに必要なのは、歯を真剣に守ろうとする歯科医と、これを読んでいるあなたの知識なのです。

歯が悪くても、なかなか歯科医院を受診しない人は、まだまだたくさんいるでしょう。もし、子どものころからきちんと話を聞いてくれ、一緒に話してくれる歯科医院が家の近くにあり、そこに定期的に通っていたら、きっと日本からほとんどの虫歯はなくなっていたのではないでしょうか？　めざすのは「治療ではなく予防」中心の医療です。

口の中の格差社会を逆転するのはお金ではなく、正しい口の中に対する知識、そして予防歯科なのです。北欧の国ではすでに成功しています。日本でもできないはずはありません。

この本を書くことでそのお手伝いができれば、歯科医としてこんなにうれしいことはありません。私を信じ、支えてくれている多くの患者さんに感謝を込めて。

２０１７年４月

田北行宏《たきたゆきひろ》

田北行宏

歯科医師。1964年大分県に生まれる。アメリカ、サンディエゴのメサカレッジで生物学を学んだ後、日本大学松戸歯学部入学。卒業後、日本歯学センターに勤務。あわせてインプラントの発祥地スウェーデンやフィンランドの病院で予防歯科と最先端歯科医療に携わる。父親の故・田北敏行氏は、歯科医師の卒後教育機関を創設した、日本の先端歯科医療の草分け的存在。その遺志を継ぎ、田北デンタルクリニック院長・日本歯学センター所長に2014年就任。日本フィンランドむし歯予防研究会理事。著書に『歯から若返る10の最強メソッド』(ぴあ)がある。

講談社+α《プラスアルファ》新書 **766-1 B**

歯は治療してはいけない!

あなたの人生《じんせい》を変《か》える歯《は》の新常識《しんじょうしき》

田北行宏《たきたゆきひろ》

2017年5月18日第1刷発行

発行者―――― 鈴木 哲

発行所―――― 株式会社 講談社

東京都文京区音羽2-12-21 〒112-8001

電話 編集(03)5395-3522

販売(03)5395-4415

業務(03)5395-3615

デザイン―――― 鈴木成一デザイン室

カバーイラスト―― ©iStock.com/Meilun

取材・構成―――― 油井香代子

カバー印刷―――― 共同印刷株式会社

印刷―――― 慶昌堂印刷株式会社

製本―――― 牧製本印刷株式会社

本文図版―――― 朝日メディアインターナショナル株式会社

定価はカバーに表示してあります。

落丁本・乱丁本は購入書店名を明記のうえ、小社業務あてにお送りください。

送料は小社負担にてお取り替えします。

なお、この本の内容についてのお問い合わせは第一事業局企画部「+α新書」あてにお願いいたします。

Printed in Japan

ISBN978-4-06-272982-6